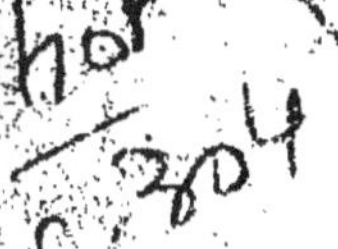

LES AUTEURS DU BRIONNAIS

FRANÇOIS DE MOLIÈRE

Seigneur d'Essertines

ANNE PICARDET

Sa femme

ET LEUR FAMILLE

D'après les documents authentiques

PAR

E. RÉVÉREND DU MESNIL

De l'Académie de Mâcon
et autres Sociétés savantes

CHAROLLES
IMP. ET LITH. DE VEUVE LAMBOROT
1888

FRANÇOIS DE MOLIÈRE

ET

ANNE PICARDET

LES AUTEURS DU BRIONNAIS

FRANÇOIS DE MOLIÈRE

Seigneur d'Essertines

ANNE PICARDET

Sa femme

ET LEUR FAMILLE

D'après les documents authentiques

PAR

E. RÉVÉREND DU MESNIL

De l'Académie de Mâcon
et autres Sociétés savantes

CHAROLLES

IMP. ET LITH. DE VEUVE LAMBOROT

1888

AVERTISSEMENT

Ce travail ne saurait viser à être un livre d'histoire : c'est une simple notice sur des auteurs dont la biographie était encore à faire et qui n'ont pas mérité l'oubli où les ont laissés les Annalistes de la Bourgogne.

La tâche n'était pas sans difficultés : nous l'avons résolument entreprise, espérant que tôt ou tard de plus habiles la rectifieraient ou la compléteraient, en s'aidant de nos premières recherches.

On pardonnera à notre amour pour l'archéologie d'y avoir glissé l'historique des seigneurs du vieux castel qui remplaça, après nos guerres religieuses, l'habitation encore existante de nos auteurs brionnais.

Nous espérons qu'on nous saura gré de cette tentative, dans une contrée dont l'histoire est encore à faire. Comme premier jalon dans cette voie, nous comptons prochainement publier un Dictionnaire topographique, historique et archéologique du Charollais, du Brionnais et du pays de Bourbon-Lancy, *auquel nous consacrons, en ce moment, tous nos soins.*

En tous cas, n'est-ce pas honorer son pays que de remettre en lumière les lointains souvenirs de son illustration ancienne et d'exhumer de la poussière ses enfants les plus méritants? Decus avorum honos patriæ.

Si certaines gens affectent de mépriser le passé, c'est qu'elles ne le connaissent pas ou ne veulent pas le connaître... Qu'elles fassent aujourd'hui aussi grand, aussi beau ?...... Notre siècle si progressiste a-t-il atteint le lustre du grand siècle de Louis XIV ?.... Non certes : les causes de cet abaissement sont trop connues pour que nous les relations ici.

Quant à nous, nous n'y voyons qu'un encouragement, pour tous, à faire de mieux en mieux, chacun dans son rôle, selon ses aptitudes ou ses moyens.

Château de Daron, 25 juillet 1888.

I

LES SEIGNEURS D'ESSERTINES AVANT 1583

En haut des collines, jadis boisées, de l'antique paroisse de Briant, ce village aux *montagnettes* nombreuses, qui, dit-on, a été l'important chef-lieu des *Aulerci-Brannovicenses,* peuple gaulois du Brionnais, s'éleva, à une époque fort reculée, le château-fort des *Sertines* ou d'*Essertines,* dont il subsiste à peine quelques restes.

L'historien Forezien, le chanoine de la Mure, à propos d'un autre Essertines en Forez, avec lequel il a été confondu plus d'une fois, prétend (1) que le mot Sertines, écrit plus anciennement Sartines, vient du

(1) *Hist. civ. et ecclés. du pays de Forez,* p. 82. — Le redoublement *ess* est de même ordre que celui d'Espoir, du latin *Spes*, d'Esprit, *Spiritus.*

latin *Saltus*, l'une de ces forêts nombreuses où Pomponius Mela, dans son traité *De Situ orbis,* place les écoles des Druides : « *Habent Galli magistros sapientiæ Druidas, qui docent multa nobilissimos gentis, clam et diù vicenis annis in abditis saltibus* (1). »

Il ne nous déplairait pas de voir dans ce mot de Sertines deux radicaux celtiques : *Serth,* élevé en pente douce, et *ins*, ville ou village, étymologie qui s'applique si bien à ce côteau peu escarpé du Brionnais, en haut duquel fut jadis le vieux donjon, et est encore, de nos jours, le hameau d'Essertines.

Quoiqu'il en soit de l'origine étymologique, une famille chevaleresque y était possessionnée dès le XIe siècle : à la naissance des armoiries, elle prit un écusson *d'argent à la bande d'azur ;* une branche brisa *d'azur à la bande d'argent accompagnée de trois étoiles de même.*

Le plus ancien personnage du nom, que nous connaissions, est un Girard d'Essertines, qui, en 1076, signa une charte de

(1) *Traduction :* « Les Gaulois ont pour maîtres de la science les Druides, qui instruisent profondément les plus nobles de leur nation, de jour et de nuit, pendant vingt années, dans les forêts les plus reculées. »

Geoffroy de Semur, conservée jadis au Cartulaire de Marcigny (1); puis Jocerand *de Sartinis* (de Sertines), que l'historien de Bourgogne, l'abbé Courtépée (2), nous dit avoir donné, en 1090, à la Prieure du couvent de Marcigny (3), l'église que lui ou ses aïeux avaient fait construire à Saint-Christophe-en-Brionnais, avec la dîme qu'il y percevait, comme sur un véritable fief (4).

En 1110, Hugues et Geoffroy d'Essertines donnèrent au même Prieuré la dîme de Briant : ils étaient frères, et Geoffroy avait pour enfants Gérard et Geoffroy.

Geoffroy Ier d'Essertines mourut en 1110. Sa femme Attelle se fit alors religieuse au couvent de Marcigny et sa fille Adélaïde y prit le voile avec elle (5).

(1) Le Cartulaire de Marcigny, qui serait si précieux pour le Brionnais, a été brûlé, sur la place publique, avec les terriers et les autres papiers féodaux, en 1793.

(2) *Description du duché de Bourgogne*, III, 106-IV, 96.

(3) Ce prieuré fut fondé, de 1050 à 1054, par Hugues de Semur, canonisé sous le nom de saint Hugues.

(4) Un grand nombre d'anciennes églises doivent leur existence aux constructions faites par les seigneurs après la terreur de l'an 1000 : ces fondations furent pour eux un acte de piété en même temps qu'une œuvre de profit, car ils y recueillaient les oblations ; ils y joignirent ensuite les droits de sépulture dans les cimetières qu'ils y annexèrent.

(5) L'abbé Cucherat, *Cluny au XIe siècle*, p. 236.

Un autre Guy d'Essertines, *de Sartinis*, est rappelé comme témoin, en 1192, d'une donation à l'église Saint-Denis de Vergy (1).

Josserand d'Essertines donna, en 1213, à la seigneurie de Condes, paroisse de l'Hôpital-le-Mercier, appartenant à l'abbaye forézienne de la Bénisson-Dieu, des dîmes à Sainte-Foy, donation approuvée par Gauthier, évêque d'Autun, la même année, et confirmée par Renaud, archevêque de Lyon.

En 1300, Alix d'Essertines fut religieuse bénédictine à Marcigny.

Le 10 août 1321, vendredi avant la fête de saint Laurent, Marguerite de Cos, veuve de Pierre d'Essertines, chevalier, *relicta domini Petri de Exertines militis*, et Guy, son fils, reconnurent tenir en fief-lige, c'est-à-dire comme devant le service militaire personnel, d'illustre et puissant homme le seigneur de Beaujeu, à cause de son château et châtellenie de Semur-en-Brionnais, la terre que ledit Pierre d'Essertines avait acquise d'Hugues de Chavannes, damoiseau, *ab Hugone de les Chevennes domicello*, ainsi que tout ce qu'ils avaient dans la paroisse de Briant; ils en exceptèrent cependant le

(1) Du Chesne, *Généalogie de Vergy*, preuves, p. 149.

manse ou domaine tenu d'eux par Girart de la Forest (1).

Noble homme Guy d'Essertines, damoiseau, *nobilis vir Guido d'Essertines*, renouvela ce devoir le dimanche avant la fête de saint Clément (23 novembre 1333) : il confessa être feudataire de dame Madame Etiennette Châteauvillain, dame de Beaujeu et de Semur-en-Brionnais (2). Cette charte, conçue à peu près dans les mêmes termes que la précédente, nous apprend encore que le même Pierre d'Essertines avait acheté le manse ou meix de la Forest de Robert de Chastel, *Roberti de Castro*. Furent témoins de cet aveu : Messire Simon de Ronchevol, *Simone de Rompchivoul*, doyen de l'église de Semur-en-Brionnais, et Messire Laurent de Blanchard ; Jean de Cos, clerc notaire royal et public, fut le rapporteur de cet acte comme du précédent.

Le même Guy ou Guyot d'Essertines fut l'un des exécuteurs testamentaires de Guillaume de Busseuil, dit *le Mouton, Willelmus de Buxul* (3), *dictus li Mouton*, seigneur

(1) Archives nationales, P. 489, c. 226.

(2) *Ibidem*, P. 489, c. 220.

(3) Famille remontant, en Brionnais, à l'an 1083 : un titre ancien la qualifie de *gens antiqua sed barbara*.

de Saint-Saturnin (aujourd'hui Vauban-en-Brionnais) ; l'acte fut reçu, en septembre 1336, par Jehan de la Deue, notaire royal et public de Charlieu (1). Il eut un fils qui, comme lui, porta le nom de Guy.

Ce ne sont pas les seuls titres que nous puissions invoquer sur les d'Essertines, car le riche dépôt, auquel nous avons fait les emprunts ci-dessus, en contient plusieurs autres, dont on trouvera la désignation dans les *Noms féodaux* de Dom de Béthencourt : ils nous montrent notre Pierre d'Essertines possédant, en 1333, au sud de Semur, la noble maison de Fromentalet, et Jocerand d'Essertines, chevalier, en 1336 seigneur d'Arcy, *de Archeio*, par mariage, sans doute, avec une fille de cette maison, mais ils nous apprennent aussi que cette terre fut saisie sur lui. Fut-ce par fait de guerre ou par suite de félonie? C'est probable, car le comte de Beaujeu en investit, en 1337, Jean de Semur, seigneur de l'Estang, qui la réunit à sa seigneurie de Beaujeu.

Jean d'Essertines, autrement dit *Cornuz*, chevalier, était seigneur en 1350 et 1355 de

(1) Preuves de noblesse faites, en 1771, devant Chérin, généalogiste officiel : mss. à nos archives.

la même terre de Fromentalet (1), ainsi que des domaines, droits et actions en dépendant.

Ce Jean d'Essertines ne paraît pas avoir eu d'autres enfants que deux filles : l'une, Jeanne d'Essertines, mariée, avant avril 1388, à Rolet de Trazette, écuyer, seigneur de Montceaux-l'Etoile (2), et l'autre, dont nous ignorons le prénom, femme de Jean II de Lespinasse, chevalier, seigneur de Montserrin et du château-fort de Sévignon (3), de la branche des Lespinasse-Sévignon, l'une des plus grandes familles du Forez (4) : elle lui apporta en dot la terre d'Essertines ; mais elle était morte avant 1414, époque à laquelle Jean de Lespinasse se remaria avec Jeanne du Blé, dame de Vitry et de Saint-Remy, de laquelle il eut Marguerite de Lespinasse.

Philibert de Lespinasse, frère aîné de cette dernière du premier mariage, hérita de la seigneurie d'Essertines, qui passa, après lui, à son fils, Lyonnet de Lespinasse, écuyer, mort avant 1417, laissant, nous nous deman-

(1) Paroisse de Cray, aujourd'hui Saint-Julien-de-Cray.
(2) *Inventaire manuscrit de Montceaux-l'Etoile*, p. 2.
(3) De Courcelles, *Généalogie Lespinasse*, p. 40.
(4) Armes : *Fascé d'argent et de gueules de huit pièces.*

dons pourquoi, sa terre d'Essertines à Jean, duc de Bourgogne ; mais celui-ci ne voulut pas accepter ce legs, et donna, le 15 mai 1417, des lettres-patentes à Philibert de Lespinasse pour reprendre possession d'Essertines, et ce, « à cause des bons et agréables services que ledit Philibert lui avait, dans sa jeunesse, rendus ou que lui rendaient chaque jour plusieurs de ses parents. »

Philibert en fit la dot de sa sœur cadette, Marguerite de Lespinasse, laquelle, tandis que sa mère, Jeanne du Blé, veuve à son tour de Jean de Lespinasse, épousait, le 20 octobre 1427, Jean de Gévingier (1), dit *Provencaulx,* qui fut par elle seigneur de Vitry, se mariait presqu'en même temps avec Etienne de Gévingier, damoiseau, seigneur de Vaulx, car nous voyons, dans un titre du 4 février 1429, qu'Etienne *de Givingié (sic)* et Marguerite de Lespinasse, seigneur et dame d'Essertines *en partie*, asservis-

(1) De Courcelles le nomme à tort Geningier, et Courtépée, Gevingne. — MM. de Monard et Deret, *Histoire de Montjeu et de ses seigneurs*, p. 111, citent, en 1441, Etienne de Genigier (Gueunigier, selon l'abbé Baudiau, *le Morvan historique,* II, 314), seigneur de Vaux-en-Charollais, qui avait épousé Jeanne, fille naturelle de Jean de la Trémouille, seigneur de Dracy-Saint-Loup. Nous reproduisons les variantes du nom suivant les titres que nous invoquons.

saient deux terres situées à Briant, au territoire des Limonières, à charge de payer annuellement, au seigneur des Sertines, un sol parisis et un ras d'avoine (1).

Dans un procès-verbal des ban et arrière-ban des baillages d'Autun et de Montcenis, dressé le 18 août 1474, il est dit à l'article 69, au titre de « la prévôté de Briant, » que « noble homme Jehan de Gevingey tient en fied de mon dict seigneur (2), à cause que dessus (3), sa terre et seigneurie d'*Essertenne,* en toute justice, qui vault chascun an, toutes charges desduites XL livres tournois de rente; ledit escuier fournira deux hommes de pied habilliés comme dessus (4), » c'est-à-dire « d'un aubergeon, d'ung demi crest, d'une salade sans visière, d'un gorgerin, de cliquez de fer pour le bras destre, de petites gardes, espée, daigue et d'une longue pique ou couleuvrine (5). »

(1) Mss. de M. Potignon de Montmégin, aux archives de M. le curé Méhu.

(2) Charles le Téméraire.

(3) La baronnie de Semur-en-Brionnais.

(4) *Mémoires de la Société Eduenne*, XI, 111 et 90.

(5) L'*aubergeon* était une chemise de mailles très fine descendant jusqu'à mi-cuisse ; — La *salade,* un casque pointu à couvre-nuque, sans visière ; — Le *gorgerin,* la pièce qui couvrait la gorge ; — La *dague,* une épée très courte portée à la ceinture.

« Noble Jean de Gevingy *(sic)*, escuyer, » épousa noble damoiselle Marguerite de Montregnard, suivant un acte reçu Chanfroy, notaire, le 11 janvier 1492 (1), contenant asservissage « de certaines terres paquis au territoire de Fonnay, lieudit les Terres-Dieu, et des bruyères de Fonnay, contenant en tout trente bichetées. »

Jean de Gevingy (c'est l'orthographe du titre original et assurément la vraie) mourut avant sa femme et sans enfants. Il légua Essertines à cette dernière, qui, à son tour, le laissa à sa famille, car, en 1530, noble Joachim de Montregnard s'en qualifiait seigneur (2). Celui-ci ne garda pas longtemps : en 1540, il vendit sa terre des Sertines, par contrat devant Rogier, notaire, le 25 février au dit an, à Pierre de Chaugy, seigneur de Chenay-le-Châtel, au prix de 2,500 livres (3).

L'année suivante, le dernier mai 1541, Pierre de Chaugy en fit foi et hommage, au baïllage de Semur, devant le lieutenant Jean Raquin (4).

(1) Archives de M. Potignon de Montmegin.

(2) Les Montregnard portaient *de gueules à un renard montant d'or.*

(3) Chaugy : *Ecartelé d'or et de gueules.*

(4) Mss. Potignon de Montmégin.

Il était dit que cette terre, qui, pendant plusieurs siècles, fut le riche apanage de la famille chevaleresque du nom, ne resterait pas longtemps dans les mêmes mains, car, peu après, elle était, dit Courtépée, à Jean Quinquier, prévôt de l'église de Mâcon.

Quel était ce Jean Quinquier, ou plutôt à quelle famille appartenait-il ? Nous l'avons vainement cherché. St-Jullien-de-Baleurre, son contemporain, n'en parle pas dans son livre des *Antiquitez de Mascon.* Peut-être le nom est-il mal écrit, et faut-il le rattacher à cette vieille famille du Nuiton (baillage de Nuits), possessionnée au village de Quincey, *de Quinceyo,* dont nous connaissons, dès 1255, Hugues de Quincey, chevalier, et dont notre chanoine, Jean de Quincey, pourrait bien avoir été le dernier mâle ?

Toujours est-il que ce fut sous lui que le château d'Essertines fut ruiné, en février 1576 (1), par les Reitres, commandés par Casimir et le prince de Condé, venus à Marcigny à la tête de 25,000 hommes ; ce jour même aussi furent brûlés, à quelques centaines de mètres de là, le presbytère et

(1) Voy. *Roannais illustré,* III, 41.

la belle flèche du clocher de l'église de Briant (1).

Privée désormais de sa forteresse, la seigneurie d'Essertines ne forma plus qu'une terre d'importance secondaire, qui vint, par acquisition certainement, à une famille du nom de Molière, inconnue à nos historiens Bourguignons (2).

(1 Courtépée, *loco citato,* IV, 97.

(2) L'omission des Molière, faite par Courtépée dans sa *Description historique du Duché de Bourgogne*, art. Essertines (Briant), nous a trompé sur l'identité de cette famille, lorsque nous avons publié notre brochure : *Un homonyme de Molière*, Paris, *Bécus,* 1881. Nous sommes heureux de pouvoir en rectifier aujourd'hui les déductions, en nous appuyant sur des titres authentiques, et en restituant, à leur vrai lieu d'origine, les seigneurs d'Essertines du nom de Molière.

II.

LA FAMILLE MOLIÈRE D'OYÉ

Le premier Molière, que nous ayons pu découvrir, est un Regnaud Molière, qualifié *notaire à Oyé,* en Brionnais, qui reçut comme « notaire public, » le 8 novembre 1529, une vente consentie à Jean Circaud, du village du Pin, paroisse d'Oyé, par Regnaud et Benoît Radard, frères, paroissiens de Varennes-en-Brionnais, d'une brosse et pré, appelés de Mornand, situés en la paroisse de Varenne, contenant, la brosse, trois bichonnées, et le pré, « un chard » de foin, le tout contigu, tenant à la terre de M. le Prieur de Varenne de soir, pour le prix et somme de 16 livres payées; le même Regnaud Molière, « notaire à Oyé », fut témoin, le 17 avril 1537, d'un acte reçu par son confrère, Me Serrurier, notaire à Oyé, acte contenant transaction sur procès d'entre noble dame Françoise de Belletruche, veuve de noble Claude de Semur, écuyer, seigneur de Sencenier (1) et de Tremont, et noble Antoine de Semur, leur fils, d'une part, et Jean Circaud, propriétaire dudit lieu de Sancenier, d'autre part; cet accord eut lieu à l'occasion des biens délaissés par Louise Circaud, sœur dudit Jean, femme, en premières noces, de Claude Villers, et, en secondes, de Claude Alachrétienne *alias* Boisset, qui ne laissa point d'enfants de sa double union; ladite dame prétendait que ses biens étaient de mainmorte et, comme tels, devaient lui revenir, à elle et à son fils, à cause de leur dite terre de Sancenier; par accommodement, la succession resta à Circaud, mais il paya la somme de 27 écus soleil.

Dans sa descendance, son petit-fils probablement, nous trouvons, à Oyé, François Molière, fermier de la seigneurie de Sancenay, suivant une vente sur parchemin du 15 janvier 1581, reçue par Estienne Polette, notaire à Saint-Christophe-en-Brionnais,

(1) Aujourd'hui Sancenay (Oyé).

au bas de laquelle est la quittance suivante, que nous copions textuellement (1) :

« Je soubz signé Françoys Molière fermier de Sancenier confesse dauoir receu de lachepteur susnommé les laudz et vendz de l'acquest cydessus duquel j'ay inuesti à la condition du marc saulf les droictz de Monseigneur et l'aultruy.

« Faict aud Sancenier le vingt-cinquiesme jour de Feburier mil V^{c} quatre-vingt et deux. »

(Signé :) « F MOLIERE », *avec paraphe.*

Si cette famille Molière n'était pas originaire d'Oyé, assurément elle y était établie depuis plusieurs générations : il est donc permis, jusqu'à preuve du contraire, de la dire d'Oyé, où ses membres exercèrent les fonctions du notariat ou gérèrent, à titre de fermiers, l'importante seigneurie de Sancenay, appartenant alors à Claude de Semur, comte de Tremont, seigneur de Sancenier, Roüy, Sercy, etc., capitaine des gardes du duc du Maine, gentilhomme ordinaire de la chambre du Roi, par brevet du 6 septembre

(1) Cet acte est conservé dans les archives de l'honorable famille des Polette, de Valtin, avec beaucoup d'autres relatifs à leur maison, fort ancienne dans le notariat : ils nous ont été fort obligeamment communiqués. Nous en remercions vivement M. Jean-Marie Polette.

1580, puis « lieutenant général de l'Etat royal et couronne de France. »

Le château de Sancenay, situé dans la vallée, au milieu d'une excellente prairie, au bas de laquelle était un étang dont les eaux baignaient de toutes parts les murs, était assez fort pour avoir arrêté, pendant trois jours, en 1430, sans succès, il est vrai, l'armée commandée par le prince d'Orange, qui fut obligé, pour le prendre, de faire venir les bombardes de Chalon-sur-Saône (1). Ruiné alors, il fut rebâti, comme en faisait foi une inscription dans la chapelle du château, dont Courtépée nous a conservé le texte (2), et que voici :

« L'an 1497, noble homme Jean de Seymur, de Sancenier et de Tresmont, et noble demoiselle Marie (3), sa femme, en la présence de noble et relig. personne frère Guillaume de Saimur, chambrier de l'Isle (4) de Lyon, fut commencé le chastel de céans, depuis la Tour de la Boteillerie jusqu'au portail. Ce fut le jeudi 1er jour de juin, parachevé

(1) Dom Plancher, *Histoire de Bourgogne*, IV, 145. — Canat de Chisy, *Documents sur la Bourgogne*, p. 130.

(2) Bibl. de Dijon, Fonds Baudot, n° 79, IV, 186.

(3) Marie de Villers-Lafaye.

(4) L'Ile-Barbe.

l'édifice en lan 1500 et cette chapelle fut bénite lan 1501 sacré l'autel (1). »

Aucun document ne nous dit si Sancenay restauré eut la visite des Reîtres de Casimir, qui détruisirent la forteresse d'Essertines : nous ne le croyons pas, car la nouvelle construction paraît avoir demeuré jusqu'aux ravages de la Révolution ; il n'en reste que deux pans de mur, pour en marquer l'emplacement sur la butte carrée, couverte aujourd'hui d'une herbe abondante, dans l'un des meilleurs prés d'embouche d'Oyé.

François Molière acquit Essertines, et, comme sa gestion de Sancenay l'avait suffisamment enrichi, il fit bâtir la maison actuelle, que défendit une haute tour carrée. La date de 1583, placée au-dessus de la porte extérieure de l'appartement servant maintenant de cave, précise le temps de cette construction, sur laquelle nous reviendrons plus tard.

Nous ignorons le nom de sa femme, mais il est certain qu'il fut père d'un fils du même nom que lui ; ce dernier a acquis une illustration suffisante pour que nous lui consacrions le chapitre qui suit.

(1) Cette chapelle domestique nous paraît distincte de celle dite Sancenay, desservie par des prêtres ayant à leur tête un prieur, et qui doit être de construction antérieure.

III

FRANÇOIS DE MOLIÈRE

François Molière, IIe du nom, — nous ne pouvons encore lui donner la particule, — est-il né à Oyé? Certainement, puisque son père y habitait (1). Le modeste village a donc le droit de le revendiquer comme l'un de ses enfants les plus connus, et de s'en faire un titre devant l'histoire.

Son père, le fermier des Semur, le confia à son maître, Claude de Semur, qui se chargea de son éducation ; la haute position de ce capitaine des gardes du duc du Maine, gentilhomme ordinaire de la chambre du Roi, lui valut même un *anoblissement*, dont

(1) De ce qu'il se disait *sieur de Chantoiseau*, comme on le verra plus tard, on doit croire qu'il demeurait au hameau de la Perrière, au-dessus de ce quartier de pré et vigne dit Chantoiseau ; la maison doit être celle où demeure le sieur Rey, fermier de M. Devienne.

nous ne savons ni la cause, ni les termes, ni la date exacte, mais qui permit de l'attacher, en qualité de gentilhomme servant, peut-être comme secrétaire, eu égard à ses connaissances certaines en littérature, à la personne du comte de Vauvert, ainsi que semble l'indiquer une lettre que nous rapporterons plus bas (1).

Il n'y resta pas longtemps, le séjour de la capitale n'était ni sûr ni agréable au plus fort des intrigues de la Ligue. Fatigué des dures épreuves du siège de Paris par le roi Henri de Navarre, dégoûté, comme catholique ardent, nous en verrons la preuve, des hésitations de ce prince à adjurer le protestantisme, et, par dessus tout, las de ses galanteries, imitées à l'envi par les seigneurs et dames de la Cour, il se résolut à fuir au loin, dans son pays de Brionnais, les dangers d'un plus long séjour dans la capitale. Son père, qui habitait Essertines, était peut-être mort dès cette époque; il avait alors à en recueillir la succession et à en régler les charges ordinaires.

Nous savons par une lettre, malheureu-

(1) Ses armoiries furent : *d'argent au cœur de gueules traversé d'une flèche de même.*

sement sans date, mais certainement antérieure à son mariage, qui, comme nous le verrons plus tard, date de 1599, lettre que l'académicien Faret a publiée, avec six autres, dans son *Recueil de Lettres nouvelles* imprimé en 1638 (1), qu'il s'empressa d'en écrire à son Mecène, le comte de Vauvert (2) : il l'entretient « des plaisirs dont il y jouyt aux champs et du mespris qu'il faict des richesses et de magnificences de la Cour. » Il lui dit notamment ceci : « Dans le repos dont ie commence à jouïr, ie n'esloigne guère mes pensées des objects qui s'offrent à mes yeux, que pour vostre suject, et ie ne vay point chercher dans le désordre de la Cour, ce que ie puis trouver dans l'innocence de ma solitude. Vous seul me pouvez divertir du plaisir que ie prends à voir nos innocens promenoirs, où si la beauté ne paroist pas avec tant d'éclat qu'aux Tuilleries, au moins ne l'y trouve-t-on pas avec tant d'artifice. » Il continue en faisant le « portraict des femmes telles que la nature les a faites : » nous en faisons grâce à notre lecteur. Plus

(1) Page 273. — Ces lettres ont été attribuées à J.-B. Pocquelin de Molière qui n'avait alors que sept ans !

(2) Anne de Lévis, duc de Ventadour, comte de Vauvert, pair de France.

loin, car nous ne pouvons reproduire en entier les onze pages du texte, il dit encore : « Je ne vous considère pas comme le protecteur de *mon innocence*, et le seul asile où *mes afflictions ont trouvé du support lorsque la malice de mes ennemis avait conspiré ma ruine...* » Le sens de ces derniers mots nous échappe, et l'on ne saura peut-être jamais la cause exacte de son départ de cette Cour, si séduisante pourtant pour tous les seigneurs de province. C'est, sans doute, ce qui a fait dire à Sorel, dans son *Berger extravagant* (1), qu' « il fut assassiné par ceux qu'il tenait pour ses amis, » en 1623, disent plusieurs auteurs, erreur dont nous verrons dans la suite la rectification, car s'il mourut aussi tragiquement, ce fut onze ans plus tôt. Cette date de 1623 a été avancée en considération de l'année où parut son premier ouvrage, car il fut auteur, et son livre fut imprimé en 1620, comme nous le dirons ultérieurement.

Heureux dans sa solitude que bordaient de grands bois, il songea, au bout de seize ans d'isolement, à se donner une compagne. Nous avons été assez heureux pour retrouver,

(1) Remarques sur le livre XIII, éd. 1728, III-708.

aux *Archives départementales de Saône-et-Loire* (1), le contrat de cette union, dont nous donnerons le texte complet aux *Pièces justificatives*.

Le 31 mai 1599, devant Obeyr, notaire à Dijon, fut passé « le traicté sur le mariage qui se fera et accomplira sy Dieu plaist d'entre *noble* François *de* Molière *escuyer* s[r] de Chantoiseau (2) demeurant à la Clette (3), d'une part, et damoiselle Anne Picardet, fille de feu noble Mr Gaspard Picardet en son vivant conseiller du roy et audiencier en la grande chambre de Bourgogne, et de damoiselle Jehanne Brun, ses père et mère... » François II de Molière ne jouit pas longtemps du bonheur qu'il trouvait dans cette union avec une femme pieuse, spirituelle et lettrée, car il mourut, quoi qu'on en ai dit (4), le 27 décembre 1612 (5). En effet, nous avons un asservissage ou abénévis,

(1) B. 1338, F° VII^xx IX. — Voy. l'Appendice.

(2) Chantoiseau est le nom d'un pré et d'un petit territoire de vignes situé au sud-ouest du village d'Oyé, au hameau de la Perrière ; François Molière s'en disait *sieur*, suivant l'usage de l'époque. Cette mode était si générale, qu'on a vu des nobles sans possessions se dire *sieurs* de leur nom.

(3) La Clayette.

(4) Voy. notamment la *Biographie Michaud*.

(5) Mss. Potignon de Montmegin.

devant Etienne Polette, notaire à Saint-Christophe-en-Brionnais, consenti par « demoiselle Anne Picardet, veuve de noble François Molière, vivant sieur des Sertines tant en privé nom qu'en celui de ses enfants » (non dénommés), et dont elle est tutrice, à dix habitants du village voisin de Frontenier (1), à Briant, « du droit de mener leur bétail gros et menu dans les bois de Fonnay, dépendants de la seigneurie des Sertines (2). »

Le fait de son veuvage, antérieurement à 1623, est encore confirmé pour Anne Picardet par trois actes des 25 mars, 16 novembre et 2 décembre 1618, que nous avons trouvés dans le protocole de Me Joannin, notaire à Semur-en-Brionnais, actes la qualifiant « vefve de noble François de Molière, sieur d'Essertines. » Les registres paroissiaux de Semur-en-Brionnais, à la date du 6 mars 1629, citent également « Anne Picardet, vefve de feu noble François de Molière, vivant sieur d'Essertines, et *demeurant à présent en la ville de Semur*, » comme marraine de Claude, fils de Me Hector Terrion, conseiller

(1) Auj. Frontigny, hameau d'origine gallo-romaine.
(2) Copie ancienne que nous devons à M. Emile Meunier.

du roi, lieutenant au baillage de Semur, et de demoiselle Magdeleine de Chisserat.

François de Molière, loin de la Cour, avait utilisé ses loisirs à des travaux littéraires : nous les citerons à l'article de son fils qui en fut l'éditeur.

Anne Picardet, elle aussi, a écrit avec quelque mérite ; parlons donc d'elle et de sa famille.

IV

ANNE PICARDET

En 1619, « chez Sébastien Huré, rue Saint-Jacques, au Cœur-Bon, à Paris, » paraissait un petit volume in-16, devenu de nos jours rarissime, dont le titre est : ODES SPIRITVELLES SVR L'AIR DES CHANSONS de ce temps, *par* ANNE PICARDET, *vefue du feu sieur de Moulières et d'Essartines,* dédiées à Madame le GRAND.

Quelle est cette Madame le Grand dont l'auteur parle ainsi, dans sa dédicace datée d'Essertines le 1er août 1618 : « La piété, qui accompagne vos mœurs, et l'odeur des bons exemples, que votre vertu rend à toute la France, me portent à vous offrir les odes spirituelles, que l'*on* m'a persuadé de mettre en lumière...? »

Nous avons cru d'abord qu'il s'agissait de Marie de Pontoux, fille de Louis de Pontoux, seigneur d'Aluze, maître aux Comptes en 1576, mariée en 1577 à M. Morin, fille de Pierre, maître des Comptes, et d'Antoinette Viard, morte en 1602, et femme de Jean le Grand, seigneur d'Is-sur-Tille, Aluze, Mornay, président le 28 septembre 1617 à la Chambre des Comptes de Dijon, promu le 14 mars 1641 à la place de premier président pour ses bons services, mais l'hypothèse est inadmissible, puisque Marie ne se maria qu'en 1620 environ. Il nous a fallu chercher ailleurs, et nous sommes demeuré convaincu que notre Madame le Grand n'était autre que la mère d'Henri le Grand, sieur de Belleville, né en 1587, devenu à la fois commissaire de l'artillerie de France et comédien fameux sous les noms de *Belleville* et de *Turlupin*. Anne Picardet l'avait fréquentée avant son mariage et pendant son séjour à Paris : on verra quelles conséquences eurent, sur les destinées du fils d'Anne Picardet, ces intimes relations avec Madame le Grand, relations, il faut le dire, fondées « sur les bonnes mœurs et la grande vertu » de cette dame, mère pourtant d'un comédien condamné *ipso facto* par les lois de l'Eglise.

L'ouvrage d'Anne Picardet, paru après la mort de François II de Molière, est l'œuvre d'une âme entièrement convaincue et profondément religieuse.

A la fin sont imprimés, d'abord une *Approbation* du 5 septembre 1618, signée du frère Jean Chavanon, docteur en théologie, de l'Ordre des Frères-Prêcheurs, et ensuite le *Permis d'imprimer* donné le même jour par le vicaire général Meschatin de la Faye, deux noms bien connus à Lyon.

Il contient, y compris une dédicace fort courte, 165 pages de texte renfermant soixante-six poésies, dix-huit sonnets, deux quatrains, une épitaphe rimée pour son mari défunt et une consolation à elle-même sur cette triste séparation.

Le poète débute par une « Prière aux Saincts pour m'inspirer pardon, avec une confession de ma vie passée : »

> Je confesse ma faute en extrême douleur,
> J'immole tous les jours à ce regret mon cœur,
> D'avoir tant donné d'ans au service du monde ;
> De les avoir passés en folle vanité,
> Fuyant comme un hibou la suprême clarté,
> Pour courir à yeux clos dans l'abysme profonde...

C'est une conversion, qu'elle nous atteste

encore dans l'ode intitulée de *la Céleste Sion* :

Que tu fus misérable,
De donner tes beaux ans, là, là,
Au monde abominable
Et à ses courtisans, là, là.
Fuy-le, mon cœur, ne tardons plus
Allons chercher le doux Iesvs...,

Conversion qui eut lieu sans doute à la suite d'une prédication (sonnet, p. 153) :

Aussitôt que la voix eut touché mon oreille
M'appelant des enfers à ce jour radieux,
Mon esprit engourdy se désilla les yeux,
Contemplant, étonné, cette saincte merveille...

Il ne faut pas oublier que toutes ces poésies sont à mettre « sur l'air de chansons du temps. » Voici une ode, l'une des plus courtes, *les trois ennemis de l'homme*, sur l'air de *Nanny, Nanny* :

O monde plein de finesses
Je quitte tous tes appas,
Tes attraits et tes caresses.
Tu ne me reprendras pas.
Nanny, Nanny, Nanny, Nanny, hélas Nanny !

D'une étroiste solitude
Je romps ta société,
Et n'auray plus autre estude
Qu'à fuyr ta vanité.
Nanny, Nanny, Nanny, Nanny, hélas Nanny !

Toy, meurtrier de l'innocence
De nostre premier parent,
Je ne crains point ta puissance
Ayant JESVS pour garant.
Nanny, Nanny, Nanny, Nanny, hélas Nanny !

Et toy, chair, source de vice,
Mon martyre et ma prison,
Ton desloyal artifice
Ne m'est plus qu'une poison (1).
Nanny, Nanny, Nanny, Nanny, hélas Nanny !

J'ay sacrifié mon estre
Au sainct vouloir de mon Dieu,
Ne voulant plus recognoistre
Que son pouvoir en tout lieu.
Nanny, Nanny, Nanny, Nanny, hélas Nanny !

Voici un « sonnet acrostic » : nous ne le donnerions pas, car il est des plus médiocres, s'il n'indiquait le nom de son mari : *L'esprit de F. M. parlant à sa F. M. A. P.* (2) :

Franc de tant de langueurs qui atteroyent ma vie,
Réüny à mon Tout, je vis tout glorieux,
Ayant vaincu la mort, et ses coups glorieux,
Nature, et tous les traits de la bruslante envie.

Console donc ton cœur, ma très fidelle amie,
O ! ne me trouble plus par tes plaints douloureux ;
Ie te garde ta place en ces paisibles cieux :
Sus donc, avance-toy à ta chère patrie.

(1) Ce mot était alors féminin.

(2) L'esprit de François Molière parlant à sa femme Marie-Anne Picardet.

Mais avance-toy, nos très chers nourrissons,
Ouvrages du Très-haut, aux divines leçons,
Les eslèvant tousiours à la très pure gloire.

Iay tousiours recogneu que ton intention
Estoit de les porter à la perfection :
Rien ne t'arreste donc au cours de la victoire.

Un sonnet comportant quatorze vers seulement, le poète écrit le nom *François Molier* : remarquons-le, quoiqu'on sache avec quelle variété de formes ce nom de Molière est orthographié pour notre grand Comique, Jean-Baptiste Pocquelin par exemple : ne l'a-t-on pas successivement imprimé *Molière, Morlierre, Monsieur de Molier, le sieur Molier, Moliers, de Molières, Moulière, le sieur de la Molière, Mollière*, etc. Le titre du livre d'Anne Picardet semble prouver qu'il se prononçait réellement *Moulières,* qu'il fut écrit Molier ou Molière : dans le premier cas on prononçait l'*r* finale.

Ce serait peut-être abuser de la bienveillance du lecteur, que de présenter l'*Epithaphe en dialogue d'un passant auec la mort, sur le tombeau de F. M. m. m.* (1) : elle n'a pas moins de trente vers, ou bien

(1) « François Molière, mon mary.

encore la dernière poésie, « *Consolation à soy mesme, sur le décès de M. S. mary* (1), » quoiqu'elle soit plus courte : nous préférons cette plaisante boutade « *Sur le mariage*, » qui permettra mieux de juger notre poète :

Mon Dieu, combien de fléaux, que de dures espines,
Que de fers acérez, que de pésantes croix,
Se trouvent, ô hymen, sous tes cruelles loix ?
Las ! qu'amers sont tes fruits, et dures tes racines.

Heureuses mille fois sans cesse, âmes divines,
Qui pour les Saints Conseils vont mesprisant ta voix,
Et fuyant de ton joug l'insupportable poids,
Evitant de tes traits les fatales ruines.

O saincts Religieux, hélas ! combien j'envie
La paix, la douceur de votre heureuse vie ;
Glorieux célibat, seul respect de mon cœur,

Je meurs pour ton amour et languis en ta perte,
Perte qui ne pouvant estre en moy recouverte,
Eternise mes jours d'une extrême douleur.

N'oublions pas, afin de ne pas apprécier trop sévèrement notre auteur, que ses vers ont été composés avant 1618, et que si « Malherbe vînt » créer la langue par son génie, il ne publia pour la première fois ses poésies réunies qu'en l'année 1630, c'est-à-dire douze ans après.

(1) « Mon Seigneur mary ».

Anne Picardet vivait encore en 1630, à Semur-en-Brionnais, nous l'avons vu, car c'est à elle et non à sa fille, comme nous l'avions pensé jadis, que Claude Bachet, sieur de Méziriac (1581-1638), l'un des Quarante fondateurs de l'Académie française, dédia sa traduction en français du *Traité de la Tribulation*, composé en italien par Cacciaguerra, traduction qu'il fit imprimer à Bourg-en-Bresse, sa patrie, chez Jean Tainturier. Elle est dédiée à *Mademoiselle de Molière.* A cette époque, ce terme de *Mademoiselle* se donnait aux femmes de qualité ; le qualificatif de *Madame* était plus spécialement réservé aux plus grandes dames de la Noblesse ou de la Religion.

De plus, en 1632, le 2 septembre, la même Anne Picardet, veuve de noble François de Molière, vivant seigneur d'Essertines, « à présent demeurant à Semur » dit l'acte, acquit de Jean de la Croix, journalier à Oyé, le pré dit *Pré Pragnon,* tenant « au midi au chemin tendant d'Oyé au chastel de Daron, de soir au chemin tendant d'Oyé à Chaulmont... » : l'acte est dans le protocole de Me Joanin, notaire à St-Christophe-en-Brionnais.

Anne Picardet appartenait, en effet, à une bonne famille bourguignonne, dont les armes étaient *d'azur à la croix d'argent.*

Gaspard Picardet, conseiller-secrétaire du Roi, maison et couronne de France (1), d'abord « amodiateur et facteur de la maison de Biron, seigneur de Mirebeau et comte de Charny, » fut contrôleur et enfin conseiller audiencier en la chancellerie de Bourgogne (2). Il eut, au moins, deux enfants : Marie-Anne Picardet, notre poète brionnais, et Hugues Picardet, bien connu au Parlement de Dijon, dont nous dirons incidemment quelques mots.

Hugues Picardet, conseiller du Roi et son procureur au Parlement, le 4 janvier 1586, reçut, en mai 1591, des lettres de noblesse, datées du camp de Chaulny, en récompense de la fidélité et singulière affection qu'il avait toujours montrée au roi Henri IV et à son prédécesseur; elles furent registrées au Parlement séant à Flavigny, le 21 novembre 1591, et à la Chambre des Comptes, le 27 septembre 1595 (3).

(1) Arch. départ., B, 1338.

(2) Il fut remplacé dans cet office le 1er avril 1597, époque de son décès, par un sieur Jean Poulet. — Tessereau, *Hist. de la grande chancellerie de France*, p. 236.

(3) *Revue nobiliaire*, nouvelle série, II-216.

Il épousa une demoiselle de Berbisey, fille de Thomas de Berbisey, procureur général au Parlement de Paris, et remplaça son beau-père dans cette charge.

Il fit partie en février 1601 des Etats de la noblesse de Bourgogne (1).

Il est mort le 29 avril 1641, laissant plusieurs Recueils de plaidoyers et de remontrances faites en la cour du Parlement.

Il n'eut qu'une fille Marie Picardet, qui épousa Jacques-Auguste de Thou, baron de Meslai, procureur ès requêtes du Parlement de Paris, ambassadeur en Hollande ; elle fit élever à son père un tombeau sur lequel se voyaient les armes des Picardet : *d'azur à la croix d'argent.*

Voici une singulière anecdote que donne de lui le conseiller Lantin, dans ses *Mémoires manuscrits*, p. 349.

« Le dernier avril 1641, les chambres assemblées, sur ce qui fut rapporté que le corps dudit sieur Picardet étoit sur un lit vêtu d'une robe d'écarlate, à l'entour quatre livres ouverts, et que c'est une chose qui n'avoit été observée au déceds d'aucuns

(1) Beaune et d'Arbaumont, *la Noblesse aux Etats de Bourgogne*, p. 21 et 264.

procureurs généraux, a été ordonné que promptement sera envoyé en son logis faire commandement d'oster ladite robe et livres et laisser seulement sur le corps le chaperon d'écarlate ainsi qu'il est accoutumé de faire au déceds des sieurs conseillers.

» Les grands biens que ce procureur général avoit amassés venaient de ce que le maréchal de Biron ayant déposé entre ses mains une cassette pleine d'argent et de bagues précieuses pendant le dernier voyage qu'il fit en Bourgogne, le sieur Picardet mit à profit cette cassette, quand il sçut que le Maréchal avait eu la tête tranchée. »

Nous laissons à son auteur la responsabilité de ces dires qui accusent Hugues Picardet, conseiller du Roi en ses Conseils d'Etat et privé, son procureur général au Parlement de Bourgogne, d'un acte très grave d'indélicatesse, acte qui ne saurait atteindre Marie-Anne Picardet, dont la vie fut vouée toute entière à la vertu et à la religion : nous revenons à sa postérité sans autre préoccupation.

V

FRANÇOIS-HUGUES DE MOLIÈRE

François II de Molière, de son mariage contracté le 31 mai 1599 avec Anne Picardet, fille de feu noble messire Gaspard Picardet, en son vivant conseiller du Roi et audiencier en la grande chambre de Bourgogne, et de demoiselle Jeanne Brun, eut deux enfants,

« Deux petits rejetons de leur pure alliance, »

dit Anne Picardet dans l' « *Epitaphe d'un Passant avant la Mort,* » p. 162 de ses *Odes spirituelles,* savoir :

1° François-Hugues, dont nous allons parler ;

2° Anne-Marie de Molière, dont nous citerons la postérité à la *Suite des seigneurs d'Essertines*, § 7.

« Noble François-Hugues *de* Molière, » mentionné comme témoin d'un contrat de mariage du 8 décembre 1619, au rapport de Me Joanin, notaire, y est dit *fils de damoiselle Anne Picardet, dame d'Essertines et de deffunt noble François de Molière, vivant sieur d'Essertines.*

Entraîné par ses goûts littéraires et muni de ses droits dans la succession de son père, il vint, sans idée de retour, se fixer à Paris : il emportait les manuscrits des œuvres de ce dernier. Fut-il entraîné par le sieur de Belleville, l'ami de sa famille? Nous n'en avons point la preuve, mais nous savons par les *Biographies théâtrales* qu'il s'y fit comédien, et Léris ajoute qu'il fut surnommé *le Tragique.*

Ce fut pour sa mère un chagrin cuisant, car sa profession entraînait l'excommunication : aussi crut-elle devoir, pour l'honneur du nom, publier ses *Odes spirituelles* comme une sorte de protestation publique.

En 1620, François-Hugues fit jouer une tragédie intitulée *Polyxène :* « elle fut apparemment souvent représentée à la Cour, observe de Léris (1), ce qui doit se conjecturer, dit-on, d'une épigramme de Racan. » « Cette épigramme, ajoute l'auteur des

(1) Dict. des théâtres, p. 488.

Anecdotes dramatiques (1), fait allusion, quand il adresse ces vers, à l'héroïne de la pièce sur son désir de quitter la Cour : »

Belle princesse, tu te trompes
De quitter la Cour et ses pompes
Pour rendre ton désir content ;
Celui qui t'a si bien chantée
Fait qu'on ne t'y vit jamais tant
Que depuis que tu l'as quittée (2).

On ne connaît de la pièce de François-Hugues de Molière aucun exemplaire imprimé ; du moins, il ne s'en est pas trouvé dans les collections théâtrales si complètes de Pont-de-Vesle, de la Vallière ou de Soleinne.

Il faut se garder de la confondre avec quatre autres tragédies du même nom, mais différentes par le sujet, dont deux antérieures, savoir :

La première en cinq actes, en vers, avec chœurs, de J. Behourt, représentée au collège des Bons-Enfants, en 1597 (3) ;

(1) II-88.

(2) Nous croyons qu'il s'agit d'Anne de Montafié, comtesse de Soissons, morte à l'hôtel de Soissons, le 17 juin 1644, épouse de Charles de Bourbon, comte de Soissons et de Dreux, célèbre par sa vertu et sa piété : elle était veuve le 1er novembre 1612. C'est cette circonstance qui lui fit quitter la Cour.

(3) Voy. les Frères Parfait, III-530.

La seconde, aussi avec des chœurs, par Billard de Courgenay, en 1607 (1);

La troisième, de la Fosse d'Aubigny, représentée le 3 février 1696, fort goûtée lors de son apparition, mais reprise sans succès en 1718 (2);

La quatrième, tragédie-opéra en cinq actes, par Joliveau, musique de d'Auvergne, en 1763.

François-Hugues de Molière composa d'autres pièces dont le titre ne nous est pas resté; mais ce qui l'a mieux fait connaître, c'est la publication des manuscrits de François de Molière, son père, dont il tira successivement les livres suivants, tous imprimés à Paris :

En 1620, un roman, *la Semaine amoureuse;*

En 1621, *le Mépris de la Cour,* imité de l'espagnol de Guévarra (3);

(1) *Ibidem*, IV-109.

(2) C'est d'elle, sans doute, que parle du Tralage dans ses *Notes sur les théâtres de Paris*, p. 39 de l'éd. Jouaust.

(3) Le livre *Mespris de la Cour et louange de la vie rustique,* par Dom Antoine de Guévarra, composé en espagnol, mais traduit en français, fut d'abord publié en 1615, in-16, chez Jean de Tournes, à Lyon. Le texte est en caractères de civilité. Il fut aussi traduit en italien et en allemand.

De qui était la traduction de 1615? Le typographe, qui

En 1623, un autre roman, *la Polyxène.*

Tous trois sont devenus fort rares : nous n'avons pu nous procurer que l'édition originale du dernier ; elle n'est citée ni par Brunet, ni par Quérard ; le biographe Michaud ne donne que l'édition de 1632 publiée par Pomeray.

Le titre est LA POLYXENE DE MOLIERE, *à Paris, chez Toussaint du Bray, rüe Saint-Jacques, aux Espics-meurs, M. DC. XXIII, avec privilège du Roy.* Le permis d'imprimer est à la fin : il est donné à Paris, le 23 juillet 1622, et signé Bergeron.

C'est une œuvre compacte, débutant par une longue épître dédiée à Madame la princesse de Conti, c'est-à-dire à Marguerite de Lorraine, princesse de Conti, alors veuve de François de Bourbon : on sait que cette femme spirituelle faisait sa société ordinaire

débute par une dédicace à M. de Langes, seigneur de Laval, conseiller du Roi en son conseil privé et président de la sénéchaussée et siège présidial de Lyon, datée de son imprimerie le 20 mai 1591, ne le dit pas. Il se contente d'observer que « la traduction française est d'un sien ami et d'un patriote. » (Péricaud, *Docum. pour servir à l'histoire de Lyon, année 1615.*)

Etait-ce l'œuvre de François Molière, nous ne le savons pas ; il est probable qu'il n'eût pas fait imprimer à Lyon, puisqu'il ne donna rien au public de son vivant.

des gens instruits et qu'elle a écrit l'*Histoire des Amours de Henri IV*, publiée en 1604. Viennent ensuite les « *Advantures de Polixène*, » en quatre livres qui n'ont pas moins de 600 pages.

Nous ne tenterons pas d'analyser cette œuvre dans le goût de l'époque; de nos jours, elle supporte à peine la lecture. C'est une imitation de l'histoire de Daphnide du célèbre roman *l'Astrée*, d'Honoré d'Urfé. On y trouve les épisodes amoureux les plus invraisemblables, mélangés parfois de réflexions morales fort justes.

On sait le succès prodigieux qu'eut *l'Astrée*, dont le premier volume paru en 1608, était dédié à Henri IV, le roi vert-galant. Les guerres religieuses qui avaient désolé, pendant plus de quarante ans, les dernières années du XVIe siècle, venaient de finir : on était enfin à la paix, au repos. Faut-il le dire? L'amour était devenu presque l'unique occupation des hauts et puissants seigneurs désormais inoccupés; ce ne fut pas une passion, mais une mode, un sujet continuel de devis. « On l'analysa, dit Henri Martin, dans le *Dictionnaire de la conversation*, on le quintescençia; on discuta sa théorie, sans détriment pour la pratique ; il devint science et art ; il eut son Code. Bref, au Louvre, à Chantilly, à l'hôtel de Soissons, l'on releva, ou peu s'en faut, les cours d'amour des trouvères d'Outre-Loire. Il fallait une littérature à ce mouvement naissant, une littérature non de peuple et de théâtre, mais de ruelle et de cercle ; les romans de chevalerie étaient morts avec Pierre du Terrail, le dernier des chevaliers. Il n'y avait plus assez de naïveté ni de poésie dans les cœurs pour qu'on pût s'y complaire... »

François de Molière sacrifia au goût du temps en composant *la Semaine amoureuse*, puis *la Polyxène ;* il écrivit des lettres du même genre, dont sept seulement, trouvées dans ses papiers, ont été publiées par Faret, en 1638.

La *Polyxène* servit probablement à son fils pour sa tragédie du même nom, jouée plusieurs fois avec succès. Elle eut, en tous cas, les honneurs d'une deuxième édition : le privilège est du 16 février 1630. Un volume intitulé *la Suite et la Conclusion de Polyxène du sieur de Molière*, dernière partie, fut achevé d'imprimer le dernier décembre 1631 ; en 1632, reparut *la Polyxène de Molière*, troisième édition, revue, corrigée et augmentée par l'auteur avant sa mort (!), chez le libraire Pomeray, 2 vol. in-8° ; enfin, en 1634, fut donnée *la Vraie suite de Polyxène,* différente de *la Suite et conclusion.*

Il faut donc reconnaître que le roman de *Polyxène,* « un nom qui, au dire de Cathos dans *les Précieuses ridicules,* sc. IV, a une grâce dont il faut demeurer d'accord, » eut un vrai succès pour son époque. Il n'approcha pas de la vogue prodigieuse de *l'Astrée,* qui eut une si grande influence sociale pour la monarchie d'Henri IV, dont elle est l'apologie allégorique. Quoique *la Polyxène* n'ait ni la finesse ni la douceur de l'œuvre inépuisable d'Honoré d'Urfé, et qu'elle ne soit pas, comme cette dernière, susceptible d'exciter l'enthousiasme, nous l'avons lue avec intérêt jusqu'au bout : c'était d'ailleurs le travail d'un compatriote du Brionnais.

Nous regardons donc comme un acte de vraie et juste réparation de louer son auteur, qui fut même poète à ses heures, puisqu'on trouve quelques pièces de vers de lui dans les *Délices de la poésie française* (éd. de 1620, p. 481 à 512).

Boileau, cependant, dans son discours sur le *Dialogue des héros de Roman*, ne cite pas notre Molière parmi les auteurs qu'on vantait le plus et qu'il avait lui-même admirés, dit-il, au temps de sa jeunesse. Mme de Sévigné, plus grande liseuse que lui, ne paraît pas non plus avoir gardé souvenir de *la Polyxène*. C'est que le roman d'Honoré d'Urfé faisait oublier toute autre composition du genre, et même cette admiration, de nos jours, ne semble pas complètement finie. Michelet, dans son *Histoire de France*, n'a-t-il pas osé rappprocher saint François de Sales et d'Urfé, « mais, dit M. Emile Montégut, dans son *Voyage en Bourbonnais et en Forez*, p. 264, le rapprochement est beaucoup plus étroit qu'il ne l'a cru ; il n'y a pas seulement analogie, il y a presque identité d'inspiration et de nature de talent entre *l'Introduction à la vie dévote* et *l'Astrée*. Le roman d'Urfé est, au fond, un véritable manuel, ou, comme on aurait dit autrefois, un trésor de spiritualité politique à l'usage des courtisans, gentilshommes et gens de parti, comme *l'Introduction à la vie dévote* est un trésor de spiritualité religieuse à l'usage des mondaines. » — « Croyez, gentilshommes, mes frères, dit Honoré d'Urfé, qu'une âme vigoureuse et constante peut vivre libre et indépendante sans révolte ni insubordination. » — « Croyez, Philotée, avait dit saint François de Sales, qu'une âme vigoureuse et constante peut vivre au monde sans recevoir aucune humeur mondaine. » Tous deux présentent et recommandent l'amour comme principe, la constance comme moyen et l'ordre comme but.

La *Polyxène*, aussi bien que *l'Astrée*, eut pour résultat de faire disparaître cet amour brutal et effronté du siècle précédent et de remettre en honneur les principes de morale que l'on commençait à méconnaître. Huet, le savant évêque d'Avranches, constate que ces sortes de livres furent alors « reçus avec un applaudissement infini (1). »

Sachons donc gré à notre Molière d'avoir écrit le sien, et, si nous ne pouvons le mettre à la hauteur d'Honoré d'Urfé, accordons du moins à *la Polyxène* un rang égal à celui qu'obtinrent les romans de Mlle de Scudéri, loués, on le sait, par Huet, Godeau, Mascaron et Fléchier.

François-Hugues de Molière fut marié à une demoiselle Giraud ; c'est du moins ce que nous concluons de l'annotation que Loret a mise, dans sa *Muze historique*, à la

(1) Lettre à Mlle de Scudéri sur Honoré d'Urfé.

marge de sa lettre du 21 février 1660, III-170 de l'éd. Livet. Il la cite dans une autre lettre du 11 février 1662, à propos d'un ballet dansé chez le Roi, le 7 dudit mois, *les Amours d'Hercule*, par Madame Touzé, où parurent divers seigneurs et dames de la Cour :

> Celles de Diane et de l'Aurore,
> Selon que je m'en rémémore,
> Que dansent Giraut et Vertpré,
> Sont ravissantes à mon gré ;
> Ce sont deux aimables spectacles,
> Car l'une et l'autre y font miracles.

Le chroniqueur-poète revient sur ce ballet dans les lettres du 25 février, du 22 avril et du 6 mai de la même année.

Quoiqu'il en soit du nom de sa femme, qu'elle ait été comédienne ou mieux danseuse, François-Hugues de Molière, n'eut qu'un fils unique qui eut aussi son quart d'heure de célébrité, et dont il nous faut parler.

VI

LOUIS DE MOLIÈRE ET SA FILLE

Un extrait des actes de baptême de Saint-Germain-l'Auxerrois, recueilli par Beffara (1), nous apprend que Louis Molier, ou mieux de Molière (2), était « gentilhomme servant Madame la comtesse de Soissons (3), » qualité qui ne l'empêcha point d'être beau

(1) Mss. à la Bibliothèque nationale, FR 1003 à 1008, *nouveaux acquêts*.

(2) Loret, dans sa *Muze historique*, écrit le nom Molier ou Molière selon les besoins de la rime, absolument comme en parlant de J.-B. Pocquelin, il l'appelle *Molier* dans la lettre du 30 octobre 1660, vers 136.

(3) La princesse Marie de Bourbon, mariée à Thomas de Savoie, prince de Carignan, le 10 octobre 1624. Elle a possédé en 1642 la baronnie de Montceaux *(acte reçu Joanin.)*

danseur, bon musicien et quelque peu versificateur (1).

M. Victor Fournel lui consacre un article dans la *Biographie Didot,* où il cite un passage de la relation de la fête donnée le 6 septembre 1656 à Christine de Suède par M. Hesselin, passage qui montre combien il serait souvent facile de confondre le nom de théâtre du grand Comique avec le nom patronymique de celui-ci :

« On peut dire sans flatterie que le sieur *de* Molière s'est surpassé lui-même, tant par les beaux vers et le merveilleux air du ballet, que par la politesse et la justesse de sa danse, faisant admirer à tout le monde ce qui rassemble en une seule personne un poète galant, un savant musicien et un excellent danseur.

« Au premier moment, ajoute M. Fournel (2), les contemporains semblent les avoir confondus ensemble : cela était d'autant plus facile que le nom du chorégraphe se prononçait toujours et s'écrivait même assez souvent comme celui du comédien, qu'il avait alors beaucoup plus de renommée,

(1) Jal, *Dict. critique de Biographie,* p. 787.
(2) Ch. Livet, *la Fameuse Comédienne,* p. 121.

que leurs emplois se rattachaient en plus d'un point, car J.-B. Pocquelin Molière composait aussi des ballets pour le Roi, et ils semblent avoir figuré tous deux en même temps dans *les Plaisirs de l'Isle enchantée*, en 1664 (1). »

Voici le passage de Loret auquel M. Fournel fait allusion; la lettre du gazetier est du 9 septembre 1656 (2) :

Hesselin, esprit sans pareil,
Pour mieux féliciter, sans cesse,
Sa noble et glorieuse hôtesse
Leur fit ouyr de jolis vers,
Animez par de fort beaux airs,
Que, d'une façon singulière,
Avoir faits le *sieur de Molière*,
Lequel outre le beau talent
Qu'il a de danseur excèlent,
Met heureusement en pratique
La Poésie et la Musique.
Sa fille, qui n'a que dix ans
Par ses attraits doux et plaizans,
Par les charmes de son enfance,
Clavessin, castagnettes, dance,
Agréa, mesmement, bien fort
A cette merveille du Nord.

Plus loin, dans un ballet de la composition de notre Louis de Molière, dansé à

(1) M. Livet, dans son éd. de la *Fameuse Comédienne*, Paris, 1877, p. 123, fait encore remarquer que les deux Molière demeuraient rue Richelieu, devant l'hôtel Crussol.

(2) *Muze historique*, éd. 1877, II-240.

Try-Chateau (1), il rappelle encore son ami :

Ce ballet assez éclatant
Dont, dans Paris, on parle tant,
Ballet, d'invention exquize,
Et dansé par Monsieur de Guize,
De ce mois, le onziesme jour (2)
Fut le spectacle de la Cour ;
Les deux Majestés l'admirèrent,
Et, de grand cœur, considérèrent
Tout ce que contenait de beau
Ce ballet pompeux et nouveau...
Le récit du Gros et de Donc
Etoit charmant, s'il en fut onc,
Tous les airs étaient de Molière,
Qui d'une si belle manière
Prit plaisir à les composer
Qu'on ne les sçaurait trop prizer.

Et encore :

Molière, esprit de bon aloy,
Illustre musicien du Roy,
Par une agréable boutade
Fit un balet, en mascarade,
De Bergères et Bergers,
Qui ne craignans plus les dangers
De la guerre, qui tout saccage,
Dansoient des dances de village,
Mais avec tant d'agilité et de dextérité,
Que les meilleurs danseurs des villes
N'auroient pas été plus habiles.

(1) Maison d'honneur et de plaisance
Située en l'Isle-de-France... (Loret, *ibidem* III-319.)

(2) Le 11 avril 1657. — Voyez aussi II-446 et III-24.

Scarron, ami commun de Loret et de Molière, avait cité ce dernier dans sa *Gazette burlesque* du 23 février 1655 :

> Je fis chère très singulière
> Avecque l'aimable Mollière...
> La femme de Mollière aussy,
> Et sa fille ange en raccourcy.

Mais cette amitié dut succomber sous les bizarreries du caractère de Scarron, car, mourant en octobre 1660, il laissa un *testament burlesque*, où il léguait

> A Mollière, le cocuage.

L'épigramme n'a pu, comme on affecte de le croire si souvent, concerner le célèbre Pocquelin de Molière, puisque ce dernier n'était point encore marié, — il ne le fut que le 20 février 1662. — Cette malicieuse libéralité ne pouvait donc que s'appliquer à l'ancien ami Louis ; heureusement que les boutades de Scarron ne tiraient guère à conséquence !

Louis de Molière, car c'est ainsi que le nom est presque toujours écrit, fut fiancé le 2 juin 1642 à Adriane Jacob, fille de Jacques Jacob, avocat au Conseil (1).

(1) Reg. parr. de Saint-Germain-l'Auxerrois, dans le *Dict. critique* de Jal.

Il est qualifié « musicien ordinaire de la chambre du Roy, » dans l'acte de mariage de sa fille, du 28 avril 1644.

« Louis *de* Mollier, escuyer, » était encore chez Madame de Soissons, lorsque cette dernière mourut le 17 juin de la même année.

Il se retourna alors du côté de la Cour, et, en 1646, il partagea, avec François Richard, la charge de joueur de luth de la chambre (1).

Alors, il s'adonna à la danse et se rendit capable de figurer honorablement dans les ballets, dont la mode commençait à être un divertissement aimé des grands. En 1651, il figura dans les ballets où le jeune Roi dansait; en 1671, il y parut encore (2).

Le 7 janvier 1672, Jean Donneau de Vizé fit jouer, sur le théâtre français du Marais, le *Mariage de Bacchus et d'Ariane*, dont il dit dans son *Mercure galant :* « Ses chansons en ont paru fort agréables, et les airs en sont de ce fameux M. de Molière, dont le mérite est si connu, et qui a travaillé tant d'années aux airs et ballets du Roy. »

Madame de Sévigné écrivait à sa fille,

(1) Archives nationales, Z 1341.

(2) Jal, *Dict. critique.*

le 5 février 1674 : « Je m'en vais à un petit opéra de Molière, beau-père d'Ithier, qui se chante chez Pellissari : c'est une musique très parfaite. »

Louis de Molière était, en effet, un habile joueur de luth : il est, sur l'*Etat du Roy*, comme luthiste aux gages de 650 livres (1) ; en 1664, il y est avec son gendre, Léonard Ythier, en survivance (2).

Il mourut à Paris, le 18 avril 1688, rue Saint-Joseph, et fut inhumé dans l'église Saint-Eustache (3) ; il avait eu, d'Adriane Jacob, les deux enfants qui suivent :

1° Alexis Molier *(sic)*, baptisé à Saint-Germain-l'Auxerrois, le 6 février 1649 (4), dont la destinée nous est inconnue ;

2° Marie-Blanche Molière, baptisée le 22 janvier 1644, qui, dite « fille de Louis de Molière, musicien ordinaire de la chambre du Roy, » fiança, à Saint-Eustache, le 28 avril 1664, avec Léonard Ithier, aussi musicien ordinaire de la chambre du Roi, fils de Nicolas Ithier et de défunte Magdelaine

(1) Bibl. nationale, *Mss. Saint-Magloire*, n° 174.

(2) Arch. nation., Z 1342.

(3) Mss. Beffara, I-261. L'acte le nomme Louis de Mollier, officier de musique de la chambre et de la chapelle du Roi.

4) Bibl. nationale, *Mss. de Beffera,* I-126 et 252.

Aymard. Ils furent mariés le lendemain « en présence de Nicolas Ithier père et des parents de ladite Molière (1). » L'épouse signa *de Molier*, quoique le nom du père fut orthographié de Molière.

Plusieurs enfants naquirent de ce mariage; nous ne les rapporterons pas, ils ne continuent que le nom d'Ithier.

(1) *Ibidem*, I-265. — Jal, *Dict. critique*, p. 877.

VII

SUITE DES SEIGNEURS D'ESSERTINES

Les Mathieu

Nous avons vu précédemment que François II de Molière avait eu une fille nommée Anne-Marie de Molière.

Le 20 juillet 1625, le notaire royal Polette dressa le « Contrat de mariage de PONTHUS MATHIEU, escuyer, s[r] de Chevigny (1), avec demoiselle Anne-Marie de Molière, fille de feu François de Molière, vivant escuyer, s[r] d'Essertines et de demoiselle Anne Picardet, ledit s[r] de Chevigny s'étant aujourd'huy, datte des présentes, trouvé

(1) Ponthus était fils de Robert Mathieu, écuyer, seigneur de Varennes, la Vallée, etc., marié à Catherine de Reugny du Tremblay. Sa sœur Marguerite épousa, par contrat du 15 août 1624, reçu Repoux, notaire à Luzy, Claude de Chargères, chevalier, seigneur de Tourny, Montigny, la Roche, etc.

au chatel d'Essertines, demeure des dittes demoiselles, assisté de plusieurs notables gentilshommes, ses parents et alliés, afin de parachever et mettre à effect les poursuites dudit mariage... »

Nous publions plus loin (1) le texte de cet acte singulier, qui, néanmoins, reçut sa complète exécution, et en vertu duquel Ponthus Mathieu devint seigneur d'Essertines.

Il appartenait à une vieille famille brionnaise remontant au moins à « noble homme François Mathieu, » rappelé dans un titre original de 1484 (2), où il dit qu'un sieur Jean Morin vend à Jean Polette, dit le Jeune, une pièce de terre en la paroisse de Saint-Christophe-en-Brionnais, au lieu de Cinsegloz, mouvant de la seigneurie dudit François

(1) Voy. l'Appendice, pièce III.

(2) Archives des Polette, de Valtin. — Nous connaissons, mais sans savoir s'il est de même souche, noble François Mathieu *alias* Rolet, marié à Jeanne Kuppière, demeurant à Charlieu, il avait un fils noble homme Philibert Mathieu, vivant en 1472. — Le Laboureur, *Mazures*, Ed. Guigne, I-491.

Le nom existait à Oyé, où, au commencement du siècle dernier, un Mathieu, emboucheur, commença à conduire et à vendre à Paris ses beaux bœufs engraissés : on sait l'importance qu'a acquis cette exportation grâce aux chemins de fer, qui suppriment les difficultés les plus grandes d'un voyage sur les routes.

Mathieu, « *in territorio de Cinseglоz... moventi nobilis viri Francisci Mathei...* »

Il est la souche des *de* Mathieu, établis en Nivernais depuis Jean Ier *de* Mathieu, seigneur de l'Eschenault et du Gué (Saint-Honoré-les-Bains), en 1518 (1) : la preuve c'est que leurs armes, *de gueules au chevron d'or accompagné de trois croissants d'argent,* sont absolument celles que Ponthus Mathieu fit peindre dans son manoir d'Essertines avec l'écu des Molière : *d'argent au cœur de gueules traversé d'une flèche de même.*

Le 9 mai 1636, par acte au rapport de Joanin, notaire, Ponthus Mathieu, écuyer sieur de Chevigny et d'Essertines, et Anne-Marie de Molière, sa femme, « demeurant en leur chastel d'Essertines, » vendirent à honnête Hugues Rousset, marchand à Semur, le domaine des Aumaistre, à Saint-Martin-la-Vallée, au prix de 1,450 livres.

Une vente du 9 mai 1639, reçue par le même notaire Joanin, mentionne « Ponthus Mathieu, écuyer, sieur de Chevigny et seigneur d'Essertines ; » il possédait, en outre,

(1) L'abbé de Marolles, *Inv. des titres de Nevers*, p. 597. — Voir pour la descendance des Mathieu, le *Morvand historique*, par l'abbé Baudiau, I-597.

du chef de sa femme, plusieurs domaines à Oyé, nouvelle preuve que la famille Molière était bien de cette localité.

Nous avons trouvé, dans le *Registre des insinuations du baillage de Mâcon* (1), le testament de « Madame de Chevigny » : il est daté du 26 décembre 1649, et reçu par Me Cropier, notaire royal.

En voici l'analyse :

Dame Anne de Mollière, épouse de Ponthus de Mathieu, escuyer, seigneur de Chevigny, Essertines et Epoisses, demeurant au château d'Essertines, paroisse de Briand, en Bourgogne, élit sa sépulture en l'église de Briand, au tombeau de ses prédécesseurs;

Elle fait divers legs pieux aux Récollets de Marcigny, aux prêtres du Tiers-Ordre de Saint-François du couvent de Charolles, aux Pères Maristes du couvent de La Clayette, etc. ;

Elle délaisse à Charles de Mathieu, son second fils, la somme de 8000 livres, lequel substituera Gilbert de Mathieu, son autre fils, au cas qu'il soit religieux, et demoiselle Anne Mathieu, sa fille, au cas qu'elle soit aussi religieuse;

(1) Arch. départementales, B 1355[1] 150.

Elle légue à Gilbert de Mathieu, destiné à être religieux en l'abbaye de Savigny-en-Lyonnais, la somme de 6000 livres; mais, s'il prenait l'habit monacal, il n'aurait plus que 1000 livres, et les autres 5000 livres feraient retour à son héritier universel;

Elle légue à Anne Mathieu, sa fille, 4000 livres;

Elle fait héritier universel Hugues de Mathieu, son fils aîné, à charge d'acquitter les legs qui précèdent.

Cet acte nous apprend que Ponthus de Mathieu et Anne de Molière avaient, en 1649, quatre enfants, savoir :

1° Hugues de Mathieu, qui continuera la lignée;

2° Charles de Mathieu;

3° Gilbert de Mathieu, qui fut religieux de Savigny;

4° Anne de Mathieu, religieuse aussi.

Les registres paroissiaux d'Oyé (1) nous en font connaître un cinquième :

5° Jeanne de Mathieu, baptisée à Oyé le 28 octobre 1629 : elle était, en tous cas, morte avant le testament de sa mère qui,

(1) Arch. départementales, B 2287.

certainement, ne l'eût pas oubliée dans ses libéralités.

Ponthus de Mathieu survécut à sa femme et se remaria avec Philippe de Moroge, veuve en premières noces de Jacques de Rabutin, chevalier, seigneur de Sissey, ainsi que l'indique un acte de donation du 23 mars 1672, prouvant que cette deuxième union fut stérile (1).

Hugues-François de Mathieu, seigneur d'Essertines (2), entra aux Etats de la noblesse du duché de Bourgogne en 1667; on l'y retrouve encore en 1677 et en 1681, date à laquelle il est qualifié « seigneur d'Essertines, seigneur de Champvigy. »

Il fut élu en Charollais en 1682.

Il fit enregistrer à l'*Armorial général de France* (3) les armes que nous avons blasonnées plus haut : il y est dit « escuyer, seigneur de Sertines et de Chamvigny, » tandis que, dans le contrat de mariage

(1) Arch. dép. B 1366.

(2) Hugues de Mathieu, sieur d'Essertines, assista à Autun, le 29 avril 1658, Maizière, notaire, au contrat de mariage de Philibert-Alexandre de Sainte-Colombe, seigneur du Poyet et de Saint-Priest, avec Gabrielle-Charlotte de la Madeleine de Ragny (*Fr.-Ben*t *de Sainte-Colombe*, in-8o, Bar-le-Duc, 1888, p. 56).

(3) Gén. de Bourgogne, *Charolles*, 29.

de son fils, nous le trouverons qualifié : « Mre Hugues de Mathieu, chevalier, seigneur d'Essertines, Champvigy, Chevigny, Plomb et autres places. »

Il épousa Claudine-Charlotte de Rabutin, fille de Hugues de Rabutin, écuyer, seigneur de Champvigy et de Chigy (1) et de Péronne des Marnis (2), de laquelle il eut :

1° Henri de Mathieu, qui continuera la famille ;

2° Autre Henri de Mathieu, dit le *Comte de Mathieu,* capitaine au régiment de Bourgogne, mentionné dans le contrat de mariage de son frère, mort célibataire probablement à l'armée ;

3° Claude de Mathieu « écuyer, seigneur d'Espoisses, » en 1675 (3).

4° Roberte de Mathieu, mariée, par contrat du 10 février 1684, Fiot notaire, à Antoine de Montrichard, écuyer, seigneur de la Brosse et de Collanges, fils de noble Claude de Montrichard, écuyer, seigneur dudit lieu, et d'Antoinette Marsault, d'où, entre autres enfants :

Francois de Montrichard, cité dans le

(1) Arch. dép., B 573.
(2) *Ibidem,* B 1338 et 1353.
(3) *Ibidem,* B 618.

testament dudit Antoine, reçu Augros, notaire, le 11 janvier 1701, au profit de ladite dame de Mathieu, chargée de remettre ses biens audit François, son fils aîné.

HENRI DE MATHIEU, comte de Champvigy, sieur de Chevigny, Essertines, Plomb et autres places, épousa, suivant contrat passé au château de Champignol, le 7 janvier 1693 (1), Marie-Jacqueline Dubreuil Le Brun, fille de Mre Charles Le Brun, chevalier, comte du Breuil, baron d'Usson, Champignol, Chaumont, la Tagnière et Saint-Nizier, gouverneur pour le Roi de la ville et citadelle de Donchéry, et de Henriette-Normande de la Renconelle ; le futur était assisté de son père et de Henri, comte de Mathieu, son frère puîné, capitaine au régiment de Bourgogne.

Il n'eut qu'une fille :

Louise de Mathieu, dame d'Essertines et de Champvigy, qui s'unit à Georges-Melchior Champier, comte de Sigy-le-Châtel.

(1) Arch. dép., B 1373.

Les Champier

Les Champier sont originaires de St-Symphorien-le-Château en Lyonnais ; armes : *d'azur à une étoile versée d'or*. Le plus anciennement connu est un Jean Champier, marié à Péronnelle de la Roche, vivant au commencement du XIVe siècle ; mais le plus illustre est Symphorien Champier, premier médecin du duc de Lorraine, créé chevalier par ce prince, sur le champ de bataille de Marignan, le 14 septembre 1515, devenu seigneur de Faverges, mort en 1539 à Lyon où il avait été consul. Il est l'auteur d'un grand nombre d'ouvrages historiques : *la Nef des princes et des batailles,* prose et vers, 1502 ; *la Nef des dames vertueuses,* en prose et vers, 1503 et 1515 ; *la Vie de Bayard,* 1525 ; *les Chroniques de Savoie,* 1546 ; il était fils de Claude Champier, marchand-drapier à Saint-Symphorien en 1461 (1), et eut de son mariage avec Marguerite Terrail, cousine de l'illustre chevalier Bayard, deux fils et une fille. Le cadet, Claude Champier, continua la race, dans laquelle on trouve un

(1) Voy. notre *Armorial de Bresse, Bugey,* etc., p. 157.

de ses arrière-petits-fils Jean de Champier, époux de Marie Thierry, vivant encore en 1650, auteur des barons de Juys et de Vaux, d'où vint George-Melchior Champier, seigneur d'Essertines par mariage avec Louise de Mathieu.

Il ne garda pas longtemps la seigneurie dont nous esquissons l'histoire, car, en 1720, il vendit à Antoine Le Prestre, comte de Vauban.

Les Le Prestre de Vauban

Lachesnaye des Bois, dans son *Dictionnaire de la Noblesse*, a donné une généalogie de cette maison, sortie de Bourgogne ; il la remonte à Jean Le Prestre, chevalier, vivant en 1357 à Brésouges, mais, dit Jal *(Dictionnaire critique de biographie et d'histoire)*, Vauban ne put, pour ses preuves de noblesse, qu'invoquer Jacques Le Prestre, premier du nom, seigneur de Vauban et de Champignolles, qui servit sous le prince de Conti avec la noblesse du Nivernais, en 1595, et Paul Le Prestre, fils de Jacques, mort, au bourg de la Ratière, près de Réthel, en revenant de la campagne de 1634 qu'il avait faite avec l'arrière-ban du Nivernais : en sorte que le maréchal ne put montrer, comme aïeux nobles et militaires, que son oncle et son grand-père Urbain (1).

Lorsque Antoine Le Prestre, capitaine au régiment de Normandie, dit *Dupuis*, l'acquéreur d'Essertines, eut épousé, le 2 mars 1699, contrat reçu *Langlois*, notaire au Châtelet de Paris, Henriette de Busseul, dame de Saint-Sernin et de la Bastie, fille de feu François-Gabriel de Busseul, chevalier, comte de Saint-Sernin, etc., et de Marie-Anne de Cours, il obtint, en considération de ses grands services militaires, des lettres-patentes du Roi, datées d'août 1725, érigeant en *comté* les terres de Saint-Sernin et de Boyer acquises en 1720, sous la dénomination de *comté de Vauban*, pour lui, ses enfants et sa postérité mâle. C'est ainsi que la paroisse de Saint-Saturnin-en-Brionnais, appelée plus tard Saint-Sernin, devint la *paroisse de Vauban*, nom qu'elle a toujours conservé depuis.

Antoine était le neveu à la mode de Bretagne du célèbre maréchal de Vauban (Sé-

(1) Armes : *d'azur au chevron d'or surmonté d'un croissant d'argent et accompagné de trois trèfles d'or.*

bastien Le Prestre), né en 1633, mort en 1707, époux de Jeanne d'Aunay, trop connu pour que nous en parlions davantage : disons seulement que sa descendance faillit en deux filles, Mesdames Charlotte-Jacques de Mesgrigny et Jeanne-Françoise de Valentinay d'Ussé ; il avait bien eu un fils, né en janvier 1682, mais il décéda à l'âge de trois mois.

Le second des fils d'Antoine, Louis-Gabriel Le Prestre, chevalier, marquis de Vauban, seigneur de Magny, Cublize, Grandris en Beaujolais et de la Bastie en Mâconnais, brigadier des armées du Roi, fut le mari, contrat du 25 février 1753, reçu Caillard, notaire, de Marie-Claudine-Simonne de Beaurepaire, fille de Mre Jacques, marquis de Beaurepaire, chevalier, seigneur dudit lieu, Vincelles, Saillenard, Varey, Chandée, etc., et de feue dame Jeanne-Huguette de la Coste.

Lorsqu'il mourut, le 22 mai 1760, il laissa Essertines à sa veuve, quoiqu'il eût d'elle trois enfants :

1o Jacques-Anne-Joseph Le Prestre, chevalier, marquis de Vauban, né le 9 mars 1754, sous-lieutenant de gendarmerie et chambellan du duc d'Orléans, qui fut marié le

20 juin 1775 à Henriette de Puget de Barbentane, fille de Joseph-Pierre-Balthazard-Hilaire de Puget, marquis de Barbentane, et de Charlotte-Françoise-Elisabeth-Catherine du Mesnildot de Vierville ; d'où vint postérité ;

2° Pierre-François Le Prestre de Vauban, né le 13 août 1757, reçu chevalier de Malte le 4 mars 1758, sous-lieutenant au régiment de Picardie ;

3° Jean-Baptiste Le Prestre, appelé le vicomte de Vauban, né le 12 septembre 1758, gouverneur de Châtillon-les-Dombes.

Vinrent les mauvais jours, la Révolution et la Terreur : ils émigrèrent. Tous leurs biens furent saisis et mis en adjudication le 2 brumaire an IV, au district de Marcigny. « Le *domaine*, appelé les Sertines, provenant de Marie-Simonne Beaurepaire, *mère d'émigrés,* » fut adjugé au prix de 130,781 livres 5 sols, et le Bois du Feuillet, « de la même, » au prix de 24,953 livres 3 sols 9 deniers, aux citoyens Pierre Ravier de Briant, Jean Merle d'Anzy, Pierre Merle, son fils, de Sarry, autre Jean Merle dudit Sarry et Jean Bernard de Saint-Oyen-la-Reconce (1). »

(1) Auj. Saint-Yan.

La vente consentie à Pierre Ravier fut seule ratifiée, le 2 prairial an X, devant le notaire Moreau, par « le citoyen Antoine Le Prestre, demeurant à Vauban, » revenu d'émigration.

Les bois ont été défrichés à l'entour du château et convertis en prés d'embouche : Essertines n'est plus qu'un domaine rural !

VIII

ÉTAT ACTUEL DU CHATEAU D'ESSERTINES

Lorsqu'après les ravages des Reîtres de Casimir, le château fut rebâti en 1583 par François Molière, le fermier de la baronnie de Sancenay, il comprit, outre les communs, un bâtiment presque carré, à trois étages, sans architecture extérieure, surmonté d'un toit fort aigu porté par une riche charpente en berceau assez remarquable; il resta flanqué d'une haute tour carrée du côté du nord, débris probable du vieux donjon des premiers seigneurs, véritable *burg* gallo-romain au temps de la décadence de l'empire romain (1). Ravier crut bon, *pour en faire disparaître la féodalité*, de le niveler en une pente faisant suite à la toiture de la maison ; cette mutilation

(1) Voir, sur les *burgs*, notre travail dans *l'Ancien Forez*, revue mensuelle que nous dirigeons, nº de juillet 1888.

inintelligente a du coup enlevé presque tout cachet au château moderne d'Essertines, qui ne se distingue plus que par sa hauteur des autres maisons du hameau. Il fit malheureusement plus : il *flamba* tous les livres de la bibliothèque, tous les manuscrits, tous les papiers, anéantissant peut-être ainsi des œuvres inconnues de François de Molière ou de sa femme Anne Picardet. On peut juger de la valeur que ses possesseurs en tireraient aujourd'hui, par ce fait que la biographie de ces deux auteurs est fort peu connue; en tous cas, nul ne se doute, à Oyé, à Briant et même en Brionnais, qu'Essertines abrita deux auteurs dignes de mémoire.

Il semble qu'il y avait une sorte de fatalité attachée à ce nom de Molière : l'on sait le peu qui reste des rarissimes autographes de notre immortel comique et comme on les paie actuellement au poids de l'or ! Et bien ! il ne subsiste, des écrits de François de Molière et d'Anne Picardet, que quelques signatures de cette dernière dans le vieux protocole du notaire Joanin.

Ce n'était pas assez pour Ravier : obéissant au décret du 1er août 1793, il fit soigneusement gratter les meubles d'un magnifique écusson en pierre se trouvant sur la hotte de la cheminée de la tour carrée, au second étage. Comment épargna-t-il les peintures à fresque, aujourd'hui fort délabrées, que François II de Molière avait fait exécuter de chaque côté de cet écusson ?... L'appartement au second étage de la maison était sans doute son cabinet de travail, peut-être la bibliothèque, car les côtés sont encore décorés de rinceaux, d'arabesques, de médaillons à sujets champêtres, de très médiocre exécution cependant.

Il reste bien peu de chose du vieux château-fort : un pan de mur et un fragment de tour de l'enceinte, qui paraît avoir eu quatre tours, une à chaque angle ; on a encastré ce débris dans le mur d'un bâtiment neuf d'exploitation. C'est là, dans ces lieux où rien autre chose ne reste de la famille chevaleresque qui en prit le nom, le seul témoin irrécusable de la puissance féodale de ses premiers maîtres. Mais Dieu a permis qu'on n'ait pu renverser ce pan de muraille, neuf fois séculaire, afin qu'il témoignât de la malice des *hommes nouveaux* ; il est là pour nous rappeler que, malgré les efforts de la démagogie qui voudrait anéantir l'histoire de la monarchie française, il a existé de vieilles et glorieuses races, dont il importe à la fragilité humaine de méditer le souvenir, car elle y trouve un exemple aussi bien des vicissitudes des pouvoirs terrestres, qu'une preuve de la toute-puissance et de l'immuabilité divines !

APPENDICE

PIÈCES JUSTIFICATIVES (1)

I

MARIAGE de noble Francoys de Molières escuier sieur de Chantoyseau avec damoiselle Anne Picardet, fille de feu noble Mre Gaspard Picardet.

Du 31 mai 1599.

Au nom de nostre Seigneur auons traicté sur le mariage qui se fera et accomplira si Dieu playst d'entre noble Francoys de Molière escuyer sr de Chantoyseau demeu-

(1) On comprendra facilement que nous ne pouvons publier ici toutes les pièces qui justifient ce travail : trois seulement nous ont paru d'une importance telle pour notre sujet que nous les donnons *in-extenso*.

rant à la Clette d'une part et damoiselle Anne Picardet fille de feu noble Mre Gaspard Picardet en son vivant conseiller du Roy et audiencier en la grande chambre de Bourgogne et de damoiselle Jehanne Brun ses père et mère, en présence et auctorité de noble seigneur messyre Hugues Picardet escuier conseiller du Roy en son conseil priué et son procureur général de Bourgogne, lesquelles parties des aduis susdits et auctorités de leurs parents et amys à la fin des présentes dénommés, ont faict et font les donation et accords et promesse de mariage suyuantes, premièrement est que aulcunes parolles de présent et de futeur ayent esté dictes qui puissent ou doîbuent sortir aulcung effect de mariage ou estre conuenues et accordés les articles suyuants, ASSAUOIR que lesdits futeurs espoux seront mariés suyuant la disposition du droict escript fors en ce qui concerne la puissance de ces donnations, laquelle puissance nonobstant la dicte disposition ils se sont rescongneu et reconnoissent par les présentes pouuoir se faire toutes donnations et dispositions tant entre vifs que par ordonnance de dernière vollonté soyt simples ou mutuelles et tous autres aduantages de tous leurs biens ou portion d'iceux au proffiict lung et de laultre comme bon leur semblera. Sera la dicte futeure espouze maryée pour ses droictz paternels et maternels escheuz qui luy demeureront propres et aux siens pour les transporter aduenant dissolution dudict futeure mariage.

Sera la dicte futeure espouse enjouellée de bagues et joyaulx par ledit futeur espoux jusques à la somme de trois cents escuz.

En faueur et contemplation duquel futeur mariage ledict futeur espoux a faict et faict expresse donnation à la dicte futeure espouze de la somme de cent escuz de rente sa vie durant rachetable de la somme de huict cent escuz qui demeureront propres à la dicte futeure espouze ses hoirs et ayants cause. Au cas du dict réachapt et de laquelle donnation ledict futeur espoux a promys de s'engager pour tout ce qui lui appartiendra à peyne de tous despens dommaiges et intérests, moyennant quoy ladicte futeure espouze n'aura aulcun don aultre et à cest effect pour le contenu cy après les futeurs maryés ont constitué leurs procureurs généraulx spéciaulx et irréuocables tous portant et exhibant des costés auxquels ils ont donné tout pouuoir et puissance pertinente.

Et pourront lesdicts futeurs maryés faire toutes dispositions et telles donnation simple et mutuelle que bon leur semblera tant entre vifs à cause de mort que par donnation et dernière vollonté nonobstant la disposition du droict escript et de toute constitution au contract.

Aduenant le décedz du dict futeur espoux auant la dicte futeure espouze, elle aura sa chambre garnye ou pour la valleur de cent cinquante escuz et encore emportera ses habitz bagues et joyaulx de quelque prix et valleur qu'ils puissent estre sans aulcune réduction ou pour iceulx la somme de trois centz escuz et à son choix.

Au cas où ledit futeur decedderoyt ayant des enfans, la dicte futeure espouze contre ce que dessus emportera la somme de cent escuz seullement et où il n'auroyt denfans elle emportera la somme de quinze cens escuz de laquelle somme il luy a faict et faict donnation entre vifs qui sera insinuée comme dessus à peine de tous despens et dommaiges-intérests, dont du tout les partyes susnommées et chaculne delles en droy soyt ce sont tenues et tiennent pour bien contentes et ont promys par foy et serment leffect et entretenement du contenu ès présentes et non contrairement sous peyne de tous despens dommaiges et interestz qui au dessus de ce se pourroyent ensuyure, obligeant à cet effect leurs biens selon la coutume et la juridiction du Roy en son duché de Bourgogne et toutes autres, renoncans à toutes choses à ces présentes contraires en sentenant au droict de faire que générall rétractation ne vault sy la specialle ne précedde. En tesmoingt de quoy seront requis et obtenu le scel de la cour de la dicte chancellerye et encore le petit scel royal estably audict bailliage estre mis et apposé aux présentes qui furent faictes et passées audict Dijon au logis dudict s^r procureur général après midy par deuant moy Benigne Obeyr notaire royal le dernier jour du mois de may lan mil cinq cent quatre-vingt et dix neuf, présents messire Benigne Frémyot cheuallier conseiller du Roy en son Conseil privé et destat président en son parlement de Bourgogne seigneur de Tottes noble Jehan Berbisey conseiller du Roy audict parlement, Mre Jehan de Pringles aussy conseiller du Roy et son procureur général en sa chambre des Comptes audict

Dijon, Gilbert de Sainct Mory advocat audit parlement et Vincent Robbin, docteur en medecyne demeurant audict Dijon tesmoingts à ce requis et appelez. La minutte de reception est signée des parties et des tesmoingtz et de moy Obeyr notaire royal auant nommé suyuant l'ordonnance.

(Signé :) OBEYR.

(*Archives départementales de Saône-et-Loire*, B 1338, *Reg. des Insinuations du baillage de Mâcon*, f° VII^{xx} IX.

II

COPIE DE L'ASSERVIZAGE du bois de Fonnay fait aux habitants de Frontenier parr. de Brian par Mme des Sertines.

Du 22 septembre 1617.

Nous Garde du scel commun royal établi aux contrats des baillages et judicatures royaux d'Autun, à tous ceux qui ces présentes lettres verront, scauoir faisons que pardevant Etienne Polette notaire royal de Saint-Christophe-en-Brionnais et présents les témoins après nommés, établis en leurs personnes,

Demoiselle Anne Picardet *veuve* de noble François Molière vivant seign[r] des Sertines, tant en son nom que comme mère et tutrice de ses enfants et dudit défunt sieur d'une part;

Thomas Joly, Girard Marillier, Benoît Perier, Philibert Seguin, Pierre Seguin, ... (1) de Lespinasse, Thomas Merle, Jeanne Jacquet veuve de François Seguin le jeune et Tiennette Gendet, veuve de George Séguin, et Catherine Magnin veuve de Benoît Seguin, lesdittes veuves pour elles et qualité de mères et tutrices de leurs enfants, tous habitants du village de Frontenier paroisse de Brian, d'autre part;

Lesdittes parties scachantes, bien avisées et de libre volonté ont fait les conventions et asservisage suivants.

Cest à scavoir que la ditte damoiselle asservize, entrage et abénevize aux susnommés présents, stipulants et acceptants pour eux, leurs héritiers et successeurs perpétuellement le droit de mener leur bétail gros et menu en tout tems dans les Bois de Fonnay, dépendant de la ditte seigneurie des Sertines, ainsi qu'il se comporte

(1) Ce blanc existe sur la pièce.

et étend, situé proche les Terres-Dieu, fors et réservé depuis le jour fête Saint Michel archange jusqu'au jour fête Saint André après suivant, chacun an, pendant lequel tems ils ne pourront mener leur dit bétail audit Bois, en tant quil y ait glands et que la ditte damoiselle, ou les siens et successeurs, veuille faire emboucher ou vendre lesdits glands, et ny ayant des glands audit bois y pourront mener leur dit bétail pendant ledit tems réservé à la dite demoiselle, et après laditte fête de Saint André s'il y a du gland audit Bois, il sera loisible aux dits habitants dy mener leurs pourceaux sans que la ditte demoiselle ny ses successeurs puissent y entrager ny donner droit à d'autres personnes qu'aux autres habitants dudit Frontenier, si aucuns en a, à ceux des Sertines et y faire mener les pourceaux dudit chatel des Sertines et des domaines en dépendants et autres domaines qui luy appartiendront,

Et ce moyennant la quantité d'une quarteranche avoine (1) mesure de Marcigny

(1) Suivant le *Tableau de comparaison des mesures; poids et monnaies anciens et nouveaux*, publié à Marcigny, chez Christophe Simonin, l'an X, en un vol., petit in-8° de 204 pages, la *carteranche* de Marcigny valait deux *coupes*, soit 13 litres 95 centilitres.

pour chacun desdits habitants de Fronte nier susnommés, leurs héritiers et successeurs tenants feu et lieu audit village de Frontenier, de cens et servis annuellement et perpétuellement payables à chaque jour de fete Saint Martin dhyvert au chatel dudit Essertines *(sic)*, le premier payement commençant à la prochaine fête Saint Martin dhyvert, outres autres droits seigneuriaux et redevances qu'ils doivent.

Et pour entrage la somme de trois livres tournois eües et receües par laditte demoiselle desdits habitants, dont elle se contente et les en quitte, avec pact de ne leur en jamais rien demander ny quereller. Car ainsi a été convenu entre les parties, lesqnelles ont promis et promettent par serment fait aux Saints-Evangiles de Dieu de ne contrevenir à ce que dessus, mais lentretenir par obligation de tous et chacuns leurs biens qu'ils ont pour ce submis et submettent à toutes cours royales et autres, renonçants à tous droits à ce contraires, même au droit disant générale renonciation ne valoir si lespéciale ne précède, en témoin de quoy ledit scel commun royal avons ordonné être mis à cettes.

Faittes et passées audit Essertines après

midy le vingt deuxième jour du mois de septembre mil six cent dix sept, présents honnête Jean Guerceaut de Nolay en Bourgogne demeurant audit Essertines et honnête Philibert Merle praticien de Semur, qui et la ditte demoiselle ont signé et non les habitants susnommés pour ne scavoir enquis. Signé à la propre cedde A. PICARDET, JEAN GUERCEAUT et E. POLETTE, *notaire royal.*

Pour lesdits habitants dudit Frontenier susnommés expédié par moy no[re] royal susdit.

(Signé) POLETTE, *avec paraphe.*

(*Copie ancienne sur papier, dans nos archives :* elle nous a été donnée par M. Emile Meûnier, d'Oyé. Elle a été le *point de départ* de tout le travail qu'on vient de lire ; aussi sommes-nous heureux de lui en témoigner publiquement notre gratitude.)

III

COPIE DU CONTRAT DE MARIAGE de Ponthus Mathieu écuyer seigneur de Chevigny et d^elle^ Anne-Marie de Molières, dame des Sertines, fille de François de Molière écuyer s^gr^ des Sertines et de d^elle^ Anne Picardet.

Du 20e juillet 1625.

Sur la recherche faitte en mariage par Ponthus Mathieu, escuyer, sr de Chevigny, de demelle Anne-Marie de Molières, fille de feu Francois de Molières, vivant escuyer sr d'Essertines et de demelle Anne Picardet, ledit sr de Chevigny s'étant cejourdhuy datte des présentes trouvé au châtel d'Essertines, demeure desdites demelles, assisté de plusieurs notables gentilshommes ses parents et alliés, afin de parachever et mettre à effet les poursuites dudit mariage, auroit supplié la demelle Picardet de pretter son consentement et autorité en tant que besoin fut à l'accord dud. mariage pour lequel lad. demelle de Molières pour le respect et devoir qu'elle luy a avec l'obéissance naturelle, luy a fait même prière, mettant en considération led. sieur de Chevigny et son alliance et parenté, laquelle dem[elle] Picardet a dit que n'ayant pu avoir l'avis de Messire Hugue Picardet son frère conseiller du Roy en ses Conseils d'Etat et privé et son Procureur général au Parlement de Bourgogne, pour luy avoir écrit de la susdite recherche, elle ne peut pour le respect qu'elle porte audit s[r] son frère auquel elle ne veut ny ne peut désobéir, y donner son consentement, toutes fois reconnaissant le vouloir mutuel dudit sieur de Chevigny et de ladite dem[elle] sa fille qu'elle ne peut empêcher ledit mariage signé sur le consentement mutuel dudit sieur de Chevigny et laditte dem[elle] Molière par l'avis des cy après nommés, a été ledit mariage accordé sous les conventions suivantes :

Ascavoir que ledit s[r] de Chevigny par l'advis d'Esmé de Reugny écuyer s[r] de Lancray son oncle (1), Jean de Reugny s[r] du Tremblay, Hector de Franay écuyer

(1) Oncle maternel : sa sœur, Catherine de Reugny du Tremblay, avait épousé Robert Mathieu, son père; Jean était son cousin germain. — Les Reugny sont d'origine nivernaise.

s[r] d'Anizy et de Prélichy, Christophe de Monchauvault écuyer s[r] des Daves ;

Et laditte dem[elle] de Molières par l'avis de Christophle de Damas écuyer s[r] de Bernay et Gaspard d'Amanzé, écuyer, seigneur vicomte d'Amanzé, icelle dem[elle] ayant déclarée être maîtresse de ses droits et jouissante diceux par vertu de bénéfice d'âge et jugement obtenu ensuite ;

Se sont promis et promettent prendre à mary femme et loyaux époux selon Dieu et notre mère Ste Eglize, pour y recevoir la bénédiction nuptiale dans le tems dû et ordinaire de droit.

En faveur duquel mariage les futurs époux jouiront ensemblement de tous et chacun leurs biens et droits qu'ils se sont respectivement constitué quelque part qu'ils soient situés et assis qui leur sont échus et qui écherront cy après, sans que pour cette jouissance il y ait communauté entre eux de droits et biens qui leurs demeurent propres à chacun d'eux.

Plus a été accordé entre les futurs quavenant le décez premier du futur époux, ladite dem[elle] aura et prendra sur les biens d'iceluy ledit décez arrivé, la somme de neuf mille livres tournois de laquelle somme au cas susdit il luy a fait don pour tous droits de douaire et autres quelle pourroit prétendre, et outre ce la somme de trois mille livres pour ses bagues et joyaux et une chambre garnie ascavoir de deux lits et d'une tapisserie selon sa qualité;

Et au cas pareil que ladite dem[elle] prédécéde ledit s[r] de Chevigny, il aura et prendra la somme de quinze cent livres, des habits, armes et chevaux.

Se pourront les futurs époux faire toutes donnations au profit de l'un de l'autre, nonobstant toutes dispositions contraires, dont les parties sont contentes, lesquelles pour l'entretenement ont obligé leurs biens sous les soumissions et renonciations nécessaires.

Fait et passé au château d'Essertines, après midi le vingtième de juillet mille six cent vingt cinq, présents Me Laurent Geoffroy, notaire royal demeurant à la Roche-Milet paÿs de Nivernois et honn. Damien Montallet marchand demeurant à Oyé témoins, lesquels et les parties et leurs assistants ont signé, et sest lad. dem[elle] Picardet contenté de la lecture sans vouloir signer de ce requis. Ainsi signé à la minute : DE MOLIERE. P MATHIEU. LANCRAY DE REUGNY.

REUGNY TRAMBLAY. H DE FRANAY-ANIZY. AMANZÉ. MONTCHAUVAULT-BELESTAME. DAMAS-BARNAY. GEOFFROY. MONTALLET et POLETTE *notaire royal.*

N[a] *La minute du présent acte est dans un cahyer relié pag. 40 et 41, lequel cahyer est en la puissance de Me Jacquet no[re] royal à Marcigny, qui me l'a communiqué et sur laquelle j'ay fait la présente copie le 28e janvier 1783. En foy de quoy je me suis soussigné.*

(Signé :) POTIGNON-MONTMEGIN (1)

(Copie ancienne sur papier, aux archives de M. le curé Méhu.)

(1) Dom Louis Potignon de Montmegin fut le dernier prieur bénédictin du couvent de Marcigny : il s'était livré, avant son entrée en religion en 1789, à de précieuses recherches sur les familles du Brionnais. Ses mss. ont été conservés en partie, qui, le premier, s'était occupé de généalogies brionnaises.

NOUVEAUX DOCUMENTS

Nous pensions avoir épuisé toutes les sources de renseignements sur la famille Molière, lorsqu'une gracieuse communication des matières du 3e volume des Archives de Saône-et-Loire, non encore paru, nous a fait découvrir les anciens registres paroissiaux d'Oyé. Ceux conservés à la mairie de la commune ne commencent qu'en 1736, mais le fonds du Baillage de Semur conserve les doubles datant de 1548. Malheureusement, il y a dans la collection de très nombreuses lacunes : il manque les années 1553, 1554, 1555, 1569 à 1573, 1580 à 1595, 1597 à 1601, 1605, 1606, 1620, 1636, etc. ; aussi, n'est-il pas possible d'établir une filiation suivie et régulière de la famille Molière. François II de Molière est né certainement en 1572 ou 1573 : les registres de ces années-là manquent ; nous ne pouvons donc produire son acte baptistaire.

Nous croyons utile de citer, comme preuves de l'existence certaine à Oyé de la famille Molière et de sa continuité durant le XVIe siècle, les nombreux extraits suivants des registres provenant du Baillage de Semur :

I. — Filles de Regnaud Molière, notaire a Oyé

1549, 28 juin : *Marguerite Molière*, l'une des marraines (1) de Pierre, fils d'Humbert Devers ;

1549, 17 août : *Jeanne Molière*, marraine d'André, fils de Benoît Durand ;

1550, 22 janvier : *Odoarde Molière*, marraine de Loys de Vers, fils du même Humbert.

1557, 4 août : *Adrienne Molière*, marraine de Claude, fils de Colas Guillemin.

II. — François Molière et sa femme

1558, 6 avril : Barthélemie (de Daron), femme de *Maistre Molière*, est l'une des marraines de Barthélemie, fils de Benoît Gatet ;

1563, 9 juin : mention de *Me François Molière ;*

1563, 2 octobre : Barthélemie, femme de *Me François Molière*, est marraine de Claude, fils de Jehan de la Croix ;

1574, 12 août : Barthélemie, femme de *François Molière*, marraine de Catherine, fille de Barthélemy Daron *(sic) ;*

1574, 6 novembre : *Me François Molière*, parrain de Jacquième, fille de Mre Barthélemy de Daron ;

1576, 23 janvier : *François Molière*, parrain de Claude, fils de honneste Barthélemy de Daron ;

1596, 4 septembre : *honnête François Molière*, parrain de Jean, fils d'Antoine Ferezier.

III. — François II de Molière, sieur d'Essertines

1608, 21 octobre : *noble François Molière, sieur des Sertines*, est parrain de François, fils de François Denis ;

1612, 8 septembre : *François Mollière* représente noble Claude Brunon, parrain de Marguerite, fille de François Denis.

(1) L'usage d'au moins deux parrains et deux marraines est attesté à Oyé, à cette époque, par les registres paroissiaux.

IV. — Frère de François II

1579, 23 avril : *honnête Claude Mollière* est parrain de Claude, fils de Philibert de Vers.

V. — Anne Picardet, femme, puis veuve de François de Molière

1612, 8 septembre : « Anne Picardet, femme du seigneur d'Essertines », assiste au baptême de Marguerite Denis, déjà citée ;

1613, 17 avril : baptême de Françoise, fille d'honnête Pierre Baratier, bourgeois de Marcigny, « à présent dans la maison de feu *Mre Françoys Mollière.* »

VI. — Fille d'Anne de Molière

1629, 28 octobre : baptême de Jeanne, fille de noble Ponthus Mathieu, sieur de Chevigny et d'Essertines et de *demoiselle Anne de Molière.*

Nous avons également consulté les registres de Briand, mais nous n'y avons trouvé que cette seule mention :

« Registre de 1624. Les Sépultures.

« *Noble François de Molière fils* feust ensépulturé le quatorziesme mars mil six cent vingt quatre. »

Ainsi, François-Hugues de Molière, qui ne publia, à Paris, aucun ouvrage après 1623 (voy. p. 46), revint mourir à Essertines : nous croyons qu'il décéda dans la capitale et que son corps fut ramené à Briand pour être inhumé au tombeau de famille.

Daron, 15 décembre 1888.

ERRATA

P. 25, ligne 15, remplacez *adjurer* par *abjurer*.

P. 37, ligne 15, ajoutez le mot *et* après *la paix*.

P. 56, ligne 27, remplacez le vers :

Mais avec tant d'agilité et de dextérité,

par ceux-ci (*Muze histor.*, III, 170) :

Mais avec tant d'agilité
De grâce et de dextérité...

P. 93, ligne 19, à la note : après les mots *en partie*, ajoutez *avec ceux de son père*.

TABLE

CHAROLLES

TYPOGRAPHIE ET LITHOGRAPHIE DE VEUVE LAMBOROT

SUCCURSALE A PARAY-LE-MONIAL

DU MÊME AUTEUR

(En préparation)

DICTIONNAIRE

Topographique

Historique et Archéologique

DU CHAROLLAIS

BRIONNAIS

ET

PAYS DE BOURBON-LANCY

www.ingramcontent.com/pod-product-compliance
Lightning Source LLC
LaVergne TN
LVHW020410230826
846091LV00004B/1223

* 9 7 8 2 0 1 3 5 0 0 2 3 4 *